ÁJAX

COLEÇÃO CLÁSSICOS COMENTADOS
Dirigida por João Ângelo Oliva Neto
José de Paula Ramos Jr.

Ateliê Editorial

Editor
Plinio Martins Filho

MNĒMA

Editor
Marcelo Azevedo

PLANO DESTA OBRA

I. *Ájax*
II. *As Traquínias*
III. *Antígona*
IV. *Édipo Rei*
V. *Electra*
VI. *Filoctetes*
VII. *Édipo em Colono*

Sófocles

ÁJAX

Tragédias Completas

Tradução
Jaa Torrano

Estudos
Beatriz de Paoli
Jaa Torrano

Edição Bilíngue

Ateliê Editorial
MNĒMA

Dados Internacionais de Catalogação na Publicação (CIP)
(Câmara Brasileira do Livro, SP, Brasil)

Sófocles
Ájax: Tragédias Completas / Sófocles; tradução Jaa Torrano; estudos Beatriz de Paoli, Jaa Torrano. – Cotia, SP: Ateliê Editorial; Editora Mnema, 2022. – (Coleção Clássicos Comentados /dirigida por João Ângelo Oliva Neto, José de Paula Ramos Jr.)

Edição Bilíngue: Português/Grego.

ISBN 978-65-5580-063-0 (Ateliê Editorial)
ISBN 978-65-991951-5-0 (Editora Mnema)

1. Teatro grego 2. Teatro grego (Tragédia) 3. Teatro grego (Tragédia) – História e crítica I. Paoli, Beatriz de. II. Torrano, Jaa. III. Oliva Neto, João Ângelo IV. Ramos Jr., José de Paula. V. Título VI. Série.

22-104195 CDD-822

Índices para catálogo sistemático:

1. Teatro grego 822

Maria Alice Ferreira – Bibliotecária – CRB-8/7964

ATELIÊ EDITORIAL
Estrada da Aldeia de Carapicuíba, 897
06709-300 – Cotia – SP – Brasil
Tel.: (11) 4702-5915
www.atelie.com.br
contato@atelie.com.br
facebook.com/atelieeditorial
blog.atelie.com.br

EDITORA MNĒMA
Alameda Antares, 45
Condomínio Lagoa Azul
18190-000 – Araçoiaba da Serra – SP
Tel.: (15) 3297-7249 | 99773-0927
www.editoramnema.com.br

Printed in Brazil 2022
Foi feito o depósito legal

Agradecimentos

Ao CNPq
pela bolsa Pq
cujo projeto incluía
este estudo e tradução.

Sumário

AIAΣ / ÁJAX

Sófocles e a Máquina Trágica de Pensar Política

Jaa Torrano

Sófocles (495-406 a.C.) foi contemporâneo e participante ativo do esplendor intelectual e político de sua pátria, Atenas, quando esta criava para si um caminho inteiramente novo: a democracia na política interna e o império na política externa. Teria escrito mais de 120 tragédias, das quais nos chegaram completas apenas sete: *Ájax*, *As Traquínias* e *Antígona*, que teriam sido representadas antes de se iniciar a Guerra do Peloponeso (431-404 a.C.), *Édipo Rei*, *Electra* e *Filoctetes*, durante essa terrível guerra, e sua última tragédia, *Édipo em Colono*, representada postumamente em 401 a.C., mas não há indicações seguras nem consenso dessa cronologia relativa das representações.

A tragédia era um dos principais recursos da educação pública, cuja eficácia e universalidade fez Platão no século seguinte apodar a democracia de "teatrocracia" (*Leis*, 701 a). Herdeira de longa tradição poética, que incluía a épica e a lírica monódica e coral, contemporânea dos alvores do pensamento técnico e de seus numerosos tratados, ditos *tékhnai*, a tragédia era uma máquina de pensar tanto a condição de mortal quanto os limites inerentes ao exercício do poder no horizonte da democracia ateniense.

Os elementos e a dinâmica que estruturam o gênero trágico tanto exibem vestígios de suas origens quanto determinam o sentido de cada tragédia. A estrutura dúplice, composta de cantos corais e de diálogos falados, trai a confluência originária do legado épico homérico – donde o gênero retira seus temas e personagens – e dos cantos corais – donde retira a atitude crítica perante a tradição épica homérica e reflexiva sobre a vida comunitária contemporânea.

Como uma das expressões literárias e artísticas da democracia ateniense, o gênero trágico tem seus inícios, desenvolvimento e apogeu de certo modo concomitante e simultâneo com o desenvolvimento histórico da democracia ateniense e de suas práticas e instituições. Antes da invenção da teoria política (*he politikè tékhne*) pela filosofia em *A República* de Platão, a tragédia questionou, examinou, avaliou e avalizou as práticas e procedimentos do jogo democrático (*tà politiká*) refletindo sobre os limites inerentes a todo exercício de poder e sobre o caráter inelutável da justiça no horizonte temporal da vida política. Como pode a tragédia cumprir essa função de análise, questionamento e de reflexão política?

A originalidade da reflexão política trágica reside em que ela se dá no âmbito e mediante os elementos e a dinâmica do pensamento mítico, herdado da tradição épica e documentado nos poemas homéricos e hesiódicos.

Para compreendermos a especificidade dessa originalidade, é necessário que compreendamos o sentido e a função da noção mítica de *Theós* ("Deus(es)") e de *Daímon* ("Nume"), bem como a sobreposição das noções homérica e pós-homérica de *héros* ("herói") e a interdependência e interação entre essas noções míticas e a concepção trágica de "homens mortais". Nessa interdependência está implicado ainda o nexo necessário entre ser, conhecimento e verdade, e nessa complexão dessas noções é que se determina e se compreende a noção mítico-trágica de "justiça".

A noção mítica de *Theós* remete aos aspectos fundamentais do mundo e, associada ao repertório tradicional de imagens, transpõe do particular e do imediatamente dado o sentido dessas imagens para o âmbito do universal e da transcendência. A função dessa noção mítica, pois, é tornar possível pensar o mundo operando unicamente com imagens, antes da invenção da abstração e do conceito. *Daímon* é um termo genérico que se aplica a qualquer um dos Deuses celestes ou subterrâneos, sempre sob o ponto de vista da relação desse Deus com algum destino particular presidido por esse Deus. Por isso, traduzo *Daímon* quase sempre por "Nume" ou, mais raramente, por "destino".

Héros, no plural *héroes*, nos poemas homéricos é um título honorífico que distingue os nobres por nascimento ou por alguma competência; depois de Homero, designa o morto que se honra com um culto funerário propiciatório. Personagens da epopeia transpostas para as tragédias, além das ressonâncias literárias, têm também as referências cultuais que lhes dão uma atualidade presencial. Quando nos dramas trágicos se examinam suas relações com os Deuses, analisam-se as estruturas e a configuração do mundo atual contemporâneo da tragédia.

Nesse diálogo múltiplo e polifônico de Deuses, Numes, heróis veneráveis e homens mortais, ressalta-se o nexo entre ser, conhecimento e verdade. O conhecimento só se dá mediante a afinidade entre o sujeito e o objeto do conhecimento, e a verdade se mostra no vínculo dessa afinidade. A interlocução com os Deuses pressupõe algo divino nos interlocutores e, aquém dessa afinidade, o conhecimento dos Deuses só é possível como eco da tradição.

As tragédias completas de Sófocles – quando lidas à luz da complexão dessas noções míticas ("Deus(es)", "Numes", "heróis" e "mortais") e quando percebidas essas noções na dinâmica própria da interação-e-integração de seus elementos constitutivos – deixam-nos ver como e que justiça se cumpre no curso dos acontecimentos, no horizonte político dos mortais.

Ájax entre *Áte* e Atena

Jaa Torrano

O PRÓLOGO DA TRAGÉDIA *Ájax* de Sófocles é o diálogo da Deusa Atena primeiro com Odisseu, depois com Ájax e por fim novamente com Odisseu. O que é a "Deusa Atena"? Com o nome de "Atena" e a imagem da virgem guerreira filha de Zeus, a tradição mítica grega pensa o âmbito do saber fazer como um aspecto fundamental do mundo e, portanto, dotado de linguagem e de inteligência próprias e assim em interação e interlocução com os homens mortais. Odisseu e Ájax configuram modos contrapostos de participação e de privação do âmbito da Deusa Atena e, portanto, duas atitudes opostas perante ela.

Diante da tenda de Ájax, Atena interpela Odisseu em meio à investigação sobre a incompreensível matança do rebanho e dos pastores atribuída a Ájax por todos e no entanto ainda pendente de esclarecimento. Odisseu claramente a ouve, no entanto não a vê. A interlocução de Odisseu com Atena não só confirma a autoria do delito atribuído a Ájax, mas esclarece as circunstâncias e motivação: inconformado com o julgamento das armas de Aquiles não se ter decidido a seu favor, indicando-o como o mais digno das armas do melhor dos aqueus, Ájax decide reparar o ultraje à sua honra matando à noite dolosamente durante o sono os reis Atridas, por terem sido os juízes que o desmereceram, e Odisseu, por ter sido escolhido o legatário das armas. Mas, quando estava à porta dos Atridas, a Deusa Atena lhe intervém no senso de realidade e o faz tomar o rebanho vacum e ovelhum por seus odiados inimigos. Alucinado, ele massacra pastores e reses, encadeia bois e carneiros e os leva para torturá-los em casa.

Para confirmar o relato, Atena chama Ájax à frente da tenda. Odisseu lhe pede que não o faça, e ao ser convidado pela Deusa a rir-se do inimigo, compadece-se e não quer se defrontar com o louco, mas Atena o insta a calar-se e lhe assegura que não será visto, porque ela pôs trevas nos olhos de Ájax.

Na segunda cena, Odisseu vê Ájax, que não o vê. Ao contrário de Odisseu, que não vê Atena, mas ouve e compreende sua voz, Ájax presume vê-la, no entanto sem compreender sua própria situação com a Deusa. Quando Atena o interpela declarando-se sua "aliada" (*symmákhou, Áj.* 90), Ájax lhe promete "áureos espólios" "por gratidão desta caçada" (*têsde tês ágras khárin, Áj.* 93), referindo-se a suas supostas caças presas em seu acampamento, mas ele próprio é a presa caçada pela Deusa. O diálogo entre os dois expõe a profundeza de sua insânia e a gravidade de seus delitos, mas expõe sobretudo o que ao vê-lo Odisseu chamou de "erronia" (*átei, Áj.*123) e Atena, de "soberba" (*hypérkopon, Áj.* 127 texto /128 tradução).

Com "erronia" Odisseu designa o desvario de quem não reconhece a situação em que se encontra e age em detrimento de seus próprios interesses. Como "soberba" Atena qualifica as palavras com que, em decorrência da erronia, Ájax reiteradamente se situa em relação à Deusa: primeiro, na atitude de quem permite ("permito", *ephíemai, Áj.* 112) à Deusa comprazer-se como queira, mas não o aconselhar como tratar seus inimigos, e depois, na atitude de permitir ("permito", *ephíemai, Áj.* 116) à Deusa assisti-lo sempre como a aliada que ele por erronia presume ter nela.

Na terceira cena, Atena ressalta o poder dos Deuses manifesto na erronia de Ájax, apesar de este ser um guerreiro notável por sua perspicácia e senso de oportunidade (cf. *Áj.* 118-120). Odisseu se condói do inimigo arruinado, reconhecendo nele a condição de todos os vivos: "não somos / nada mais que imagens e leve sombra" (*Áj.* 125-126). Por fim, Atena didaticamente enuncia a conclusão moral desta cena: aos mortais não convém a palavra soberba nem o alarde, porque os mortais são efêmeros, no sentido de que estão inteiramente sujeitos ao que cada dia lhes traz de benéfico ou de maléfico, e os Deuses não só amam os varões prudentes, mas também têm horror dos maus.

No párodo, no proêmio anapéstico, o coro de guerreiros salamínios leais a Ájax se apresenta espicaçado por rumores de que o senhor de Salamina teria trucidado reses e pastores do rebanho público remanescente do espólio de guerra, acusa Odisseu dessa calúnia e explica a sua repercussão pela volúpia e inveja dos ouvintes. Declarando-se incapaz de repelir e debelar a sós essa difamação, o coro imagina que apenas a presença de Ájax seria suficiente para intimidar e calar os detratores.

Na estrofe, o coro, opresso pelo vexame dessa difamação, pergunta-se a si mesmo, dirigindo-se a Ájax ainda ausente, se a Deusa Ártemis Taurópola o teria impelido a atacar o rebanho, punindo-o por ele não lhe ter retribuído alguma vitória com primícias, fossem essas algum espólio na guerra ou então alguma oferenda na caça a corços. O coro ainda se pergunta se o Deus Eniálio, senhor da guerra, ressentido por alguma ofensa de Ájax contra ele durante os combates, teria punido essa ofensa com o ardil noturno. Ao aventar uma e outra explicação dos atos de Ájax por uma intervenção divina, o coro considera a possibilidade de Ájax ter incorrido no ressentimento perturbador de Ártemis, ou de Eniálio, e assim ter ele mesmo perpetrado os atos denunciados por Odisseu. Com a segunda pergunta, o coro quase adivinha o que se passou; pois, segundo o relato do mensageiro, o adivinho Calcas revela a Teucro que a ofensa de Ájax ao Deus protetor durante os combates foi – não contra Eniálio, mas – contra Atena (cf. *Áj.* 770-777).

Na antístrofe, o coro recorda que nunca Ájax antes se envolvera tanto num desastre quanto nesse ataque ao rebanho e, para compreender e explicar o fato, reitera a suposição de um distúrbio divino (*theía nósos, Aj*, 186), mas em seguida rejeita ambos o fato e a explicação ao invocar

Zeus e Apolo para com seus poderes apotropaicos afastar a maledicência dos argivos contra Ájax. Por fim, acusa os reis Atridas e Odisseu de difamarem Ájax e exorta-o a quebrar seu silêncio e romper sua inação.

No epodo, o coro insiste na autodefesa de Ájax, descrevendo sua inação como estímulo ao avanço e aumento da erronia, na qual Ájax contribui com seus inimigos para sua própria ruína e para a aflição do coro.

No primeiro episódio, na primeira cena, Tecmessa relata ao coro o que ela pôde observar do comportamento de Ájax no interior da tenda, para o desespero do coro ante a confirmação dos infames rumores. Por fim, Tecmessa abre para o coro a porta da tenda e vê-se Ájax (possivelmente sobre o enciclema) ensanguentado entre animais abatidos.

Na segunda cena, no *Kommós*, Ájax primeiro se dirige ao coro como "únicos amigos", constatando a "sangrenta tormenta" que o envolve, mas o coro, estupefato, responde a Tecmessa reconhecendo a veracidade de seu testemunho. Ájax, dirigindo-se ao coro como os únicos que lhe restam para defendê-lo, pede que o matem; o coro lhe aconselha evitar palavras ominosas e não aumentar a dor consequente da erronia. Ájax reconhece a má sorte de lhe escaparem os "imperdoáveis" (*alástoras, Áj.* 373), imagina seu inimigo Odisseu a rir-se de sua ruína e pede a Zeus que antes de morrer possa matar seus inimigos Odisseu e os Atridas Agamêmnon e Menelau; o coro, solidário, formula o voto de morrer junto com o chefe. Na terceira e última estrofe do *Kommós*, Ájax invoca "Trevas" identificando-a como "minha luz", e Érebo, a eterna escuridão abaixo das raízes da Deusa Terra, descrevendo-o como "brilhantíssimo para mim". Na tradição poética grega, "luz" (*pháos*) é metonímia de vida e de salvação. O oximoro dessa invocação por Ájax anuncia sua percepção da morte como a única preservação de sua vida tal qual a entende e, por isso, como salvação. Ájax explica essa equivalência para ele entre a vida e as trevas subterrâneas por não mais poder esperar favor nem dos Deuses nem dos mortais, após o golpe letal da Deusa Atena desferido contra ele, com a consequente frustração do ataque aos inimigos e a inevitável hostilidade de toda a tropa armada contra ele. Tecmessa fecha a estrofe deplorando as palavras que ouviu do marido. Na terceira e última antístrofe do *Kommós*, Ájax se despede da paisagem troiana e do rio Escamandro, declarando-se o melhor dos gregos vistos em Troia, agora desonrado.

Na continuação do primeiro episódio, o solilóquio de Ájax o mostra tão preso à emulação com seu pai e à exaltação de seu próprio valor, quão desconectado dos demais membros do círculo familiar. Ájax primeiro avalia sua força e seus feitos em Troia como "não menores" que a força e os feitos de seu pai outrora também em Troia; no entanto, o pai voltou para casa com toda a glória, e ele se encontrava desonrado. A seguir, Ájax supõe que, se Aquiles em vida presidisse o "juízo das armas", – em que se decidiu quem por mérito com justiça as herdaria, – ninguém as teria recebido senão Ájax, mas os reis Atridas as entregaram ao perverso (*scilicet* Odisseu). Ájax rememora que ao tentar reparar esse injusto ultraje à sua honra, a Deusa Atena o frustrou, atacando-o com furioso distúrbio, que o desviou de matar os inimigos para massacre do rebanho, e imagina que preservados da morte agora os inimigos riem dele. O reconhecimento da Deusa como causa de sua desgraça se deve ao conhecimento advindo da interlocução com a Deusa. Ájax delibera: agora, que há de fazer? Odiado pelos Deuses, pelos gregos e por toda a planície de Troia, se regressasse à pátria, como poderia em estado de desonra, isto é, "nu sem o prêmio supremo" (*Áj.* 464), encarar o seu todo glorioso pai? Por outro lado, se buscasse a morte junto ao muro de Troia num ataque solitário a solitários troianos, talvez isso alegrasse os reis Atridas. Nem uma coisa nem outra. Ájax há de tentar um expediente pelo qual possa mostrar ao velho pai que, sendo filho, não nasceu sem a natureza do pai. Qual expediente? É clara a indicação de qual seria esse expediente nas considerações morais que Ájax faz a seguir: *1.* é vil o desejo de viver sem que se possa mudar os males; *2.* que prazer o mortal pode ter na precariedade da vida a cada dia; *3.* é vil o conforto de vãs esperanças; *4.* o nobre de nascimento deve ou viver bem ou morrer bem.

Em resposta, Tecmessa acrescenta ao solilóquio de Ájax sua própria perspectiva das consequências da morte de Ájax para si mesma, viúva, para o pai ancião, para a mãe anciã e para o filho órfão. Ao falar de si mesma, invoca Zeus lareiro (*ephestíou Diós, Áj.* 492) e o tálamo de suas núpcias com Ájax, e depois de apontar o significado da vida de Ájax para cada um dos pais e para o filho, declara que para ela em suas atuais circunstâncias a companhia de Ájax é sua única pátria, e invoca a lembrança do prazer compartilhado e a reciprocidade da graça para afirmar por fim que um nobre de nascimento não suprimiria jamais a prazerosa lembrança.

O coro intervém pedindo a Ájax que acolha as palavras da mulher. Indiferente ao apelo pessoal e à invocação da intimidade, Ájax responde ao coro e não à mulher, referindo-se a ela em ríspidos termos militares de disciplina e ordem ("bem cumprir o encargo", *Áj.* 528). Ansiosa pelo contato com Ájax, Tecmessa se dispõe a lhe obedecer antes mesmo de saber o que lhe seria ordenado. Ájax ordena que lhe tragam o filho. Entre a explicação dos cuidados com o filho tomados sob pavor e a aprovação desses cuidados por Ájax, Tecmessa posterga a apresentação do filho enquanto se inteira da disposição de Ájax, que se impacienta com essa demora.

A instrução de Ájax ao servo que lhe traz o filho, a saber: "Ergue-o, ergue-o cá!", é explicada pela hipótese de que o ator esteja sobre o enciclema, que neste caso reproduz a cena do interior da tenda. Dirigindo-se ao filho, ao coro, de novo ao filho e por fim a Tecmessa, Ájax tanto evidencia a sua rispidez e o seu preito à crueldade quanto revela a inadequação e inépcia de seus cuidados com os que lhe são caros e, além disso, reitera sua decisão de matar-se. Ele formula votos de que o filho tenha melhor sorte que ele e, no mais, seja semelhante a ele (*Áj.* 550 e s.), e diz que lhe inveja a insciência dos males, explicando que "não saber nada é a mais doce vida / até que aprendas a alegria e a dor" (*Áj.* 554 s.). Esse louvor da insciência infantil reflete o profundo desgosto da lucidez recém-recobrada.

Ájax declara confiar a segurança de seu filho à tutela de seu irmão Teucro, sem indicar a estratégia com que o tutor se defenderia a si mesmo e ao tutelado da hostilidade das tropas antes aliadas e agora hostis.

A seguir, incumbe o coro de transmitir a Teucro a ordem de conduzir seu filho Eurísaces a seus pais em Salamina, para que o neto cuidasse dos avós para todo o sempre. A incumbência implicitamente reitera a decisão de se matar, e a ordem a ser transmitida é inexequível, pois se Ájax mesmo não teria condições de encarar o glorioso pai, tampouco as teria o seu irmão, e além disso, o neto é demasiado novo para cuidar de avós já idosos. Valendo-se da eponímia de Eurísaces (*Eurí-sakes*, "Amplo-escudo", *Áj.* 575) e de "escudo" (*sákos*, *Áj.* 576), declara legar ao filho seu escudo, mas as suas demais armas haverem de jazer consigo na sepultura, reiterando implicitamente sua decisão de matar-se. Por fim, Ájax se dirige a Tecmessa em tom imperativo e ríspido, ordenando-lhe que receba o filho e que se tranque em casa, proibindo-lhe o pranto à vista dos demais.

Os súplices apelos finais de Tecmessa, pedindo em nome do filho e dos Deuses a lealdade de Ájax a ela e ao filho, são repelidos com implacável veemência e com a soberba negação de dever ainda préstimos aos Deuses. A exasperação do diálogo se configura na esticomítia em que a insistência súplice de Tecmessa toma a dianteira, para ser no mesmo verso rebatida pela obstinação surda de Ájax.

Por fim, Ájax se dirige aos servos, dando-lhe a mesma ordem que Tecmessa hesitava em cumprir: "Vós! Não fechareis?" (*Áj.* 594). Tecmessa em nome dos Deuses lhe pede calma; Ájax declara tolice dela querer agora educar seu caráter. (A porta da tenda enfim se fecha quando se recolhe o enciclema.)

Nesse crescente confronto em que se defrontam estes três pontos de vistas – o de Tecmessa, o do coro e o de Ájax – também se mostram as nuances que distinguem os pontos de vista humanos (de Tecmessa e do coro) e o ponto de vista heroico (de Ájax). Observe-se que o heroico inclui, além da referência dos Deuses, a interlocução com os Deuses, enquanto o meramente humano, embora orientado pela mesma referência dos Deuses (conhecida e reconhecida, não pela experiência individual, mas pela tradição comum de todos), não inclui a interlocução com os Deuses e, portanto, nem se beneficia nem se maleficia dessa interlocução (senão indiretamente), uma vez que dela não tem a experiência.

No primeiro estásimo prevalecem a lástima e o desespero. Na primeira estrofe a invocação de Salamina e de sua felicidade numinosa contrasta com as fadigas, misérias e má esperança de morte nos campos troianos. Na primeira antístrofe, a inação bélica, a pesada lembrança da loucura enviada por Deus e o isolamento hostil contrastam com a plenitude e magnificência das pretéritas façanhas guerreiras de Ájax. Na segunda estrofe, a descrição da dor e do pranto da mãe anciã ao ter longínqua notícia da funesta loucura do filho amplia o sentido pungente da presente situação. Na segunda antístrofe, a constatação de que a morte é preferível à inepta loucura avalia a dor do pai ancião ao saber da intolerável erronia do filho, inaudita na família.

O segundo episódio é, sem aparte nem conversa, um único discurso de Ájax. Aparentemente, Ájax se rendeu aos súplices apelos de Tecmessa por lealdade a ela e ao filho e apresenta uma visão harmoniosa da perspectiva temporal em que os opostos se revezam e se acomodam e em que ele próprio agora busca conciliação.

Efetivamente, neste discurso tão verdadeiro quanto enganador, Ájax opera a enunciação simultânea no mesmo discurso de dois sentidos distintos e irreconciliáveis, a saber, o seu próprio ponto de vista heroico, e o ponto de vista meramente humano do coro e de Tecmessa, de modo que o mesmo discurso soe simultaneamente verdadeiro em dois sentidos opostos, excludentes e irreconciliáveis. Na verdade, Ájax expõe a sua própria decisão e o seu próprio plano em termos que à primeira vista se deixam compreender como se ele estivesse atendendo aos apelos de Tecmessa e do coro.

No ambíguo discurso, a alternância ao longo do tempo entre o que se oculta e o que se manifesta é exemplificada tanto pela expiração do juramento terrível e do espírito rígido quanto pela própria atitude de Ájax, que antes era inflexível como a têmpera do ferro, mas agora condoído tem a palavra abrandada, assimilada à mulher Tecmessa, à qual faz por atender. Propõe-se, então, a purificar-se nos banhos e prados litorâneos para escapar à pesada cólera da Deusa Atena. A questão é que tipo de purificação o permitiria escapar à cólera da Deusa. Para o coro e Tecmessa, a purificação seria o banho no mar. Para Ájax, a supressão da vida.

O propósito de ocultar a espada, dom do inimigo Heitor, em lugar inacessível, onde Noite e Hades a preservem, deveria soar, para o coro e para Tecmessa, como uma renúncia à intenção de se matar; no entanto, a consagração da espada aos Deuses Noite e Hades assinalam seu uso para a destruição e morte.

O anúncio da disposição para ceder aos Deuses e reverenciar os reis Atridas, resumido na constatação de que "até os terríveis e os mais duros cedem / às honras" (*Áj.* 669 e s.), é exemplificado com a alternância entre Inverno e Verão, Noite e Dia, Terríveis Ventos e Mar Plácido, Sono e Vigília. Nessa alternância, tanto as fases temporais quanto as presenças divinas não só se sucedem, mas uma vez superadas suprimem-se e desaparecem. Os paradigmas tomados por Ájax mostram as suas condições para concessão e reverência.

Ampliando a reflexão, Ájax declara o seu reconhecimento do valor da prudência (*sophroneîn, Áj.* 677) e anuncia tanto o seu empenho em praticá-la quanto os seus critérios de moderação no trato com os inimigos e de reciprocidade no trato com os amigos. A seguir, no entanto, constata que a amizade de muitos mortais infunde falsa sensação de segurança ("muitos / mortais têm infiel porto de segurança", *Áj.* 682 e s.), e conclui com uma fórmula tão conveniente quanto vaga ("mas, quanto a isso, estará bem" *Áj.* 684). Como se há de entender a relação entre esse reconhecimento, esse empenho e essa constatação? Deve-se entender que esse reconhecimento suscita o empenho, mas é superado e subvertido pela constatação da falsa sensação de segurança de muitas amizades? Neste caso de superação e subversão do valor da prudência, a fórmula final é conveniente porque deixa de demarcar o alcance da prudência? – Tudo se passa como se, na perspectiva de Ájax, a injustiça e o ultraje dos reis Atridas e da Deusa Atena contra ele ultrapassassem todo o alcance da prudência tanto quanto em sua autoavaliação o seu próprio valor o ultrapassaria.

Por fim, Ájax se dirige a Tecmessa com a ordem de que ela entre na tenda e peça aos Deuses que cumpram o que o coração dele quer. Depois, apontando como exemplo a ser seguido a presteza de Tecmessa no cumprimento de sua ordem – imediatamente obedecida – dirige-se ao coro com a ordem de que transmita suas instruções a Teucro, alegando que ele mesmo irá "lá aonde se tem de ir" (*Áj.* 690), e acenando que, se cumpridas essas instruções, "talvez / agora infausto me saberíeis salvo" (*Áj.* 691 e s.). No entanto, o que do ponto de vista heroico se entende por "salvação" nem sempre coincide com o que do ponto de vista meramente humano se espera como "salvação".

O segundo estásimo exulta com a aparente mudança de ânimo de Ájax. A estrofe invoca Pã, associado ao Monte Cilene, na Arcádia, e a danças frígias ("mísias") e cretenses ("cnóssias"), convidando-o a participar do coro, com o que se superam o abatimento moral e o confinamento local em Trôade; invoca também o Deus Apolo, com o epíteto "délio" referente a seu nascimento em Delos, para que transponha o mar icário (trecho do Mar Egeu entre as Cíclades e a Cária, vizinha de Trôade) e para que presente junto ao coro seja reconhecido por sua benevolência. A antístrofe atribui a Ares (Deus que se manifesta na carnificina) o afastamento da terrível dor (que seria ver morto Ájax), e invoca Zeus com a súplica de que envie nova luz salvadora dos navios, por ocasião da mudança de ânimo de Ájax e sua observância dos ritos, e conclui com a constatação do poder do tempo, que deu a Ájax o inesperado reposicionamento quanto aos Atridas.

No terceiro episódio, o mensageiro anuncia o regresso de Teucro dos montes mísios, relata hostilidades dos argivos contra ele, apaziguadas pela intervenção dos anciãos, e pergunta onde está Ájax para lhe dar essas notícias. Ao saber que ele saiu, manifesta decepção e receio. Ao ser tranquilizado pelo coro, contrapõe à néscia confiança do coro as revelações de adivinho Calcas a Teucro, pelas quais este o enviou na frente. Segundo o mensageiro, por benevolência Calcas advertiu Teucro que deveria reter Ájax em casa nesse dia a todo custo, pois nesse dia ainda o perseguiria a cólera da Deusa Atena; e a causa da implacável cólera divina foram as atitudes de Ájax por não pensar como mortal e rejeitar a assistência divina duas vezes.

Na segunda cena, tendo sido chamada diante da tenda pelo coro, Tecmessa se inteira da situação junto ao mensageiro e de imediato mobiliza o coro: uns devem buscar Teucro, outros devem procurar Ájax a oeste, e outros, procurá-lo a leste. Todos saem, cada grupo para um lado.

A terceira cena é outro solilóquio de Ájax, desta vez não mais em presença dos seus, mas na solidão do local aonde tinha decidido ir, descrito como "intacto" (*astibê, Aj.* 657). Primeiro, descreve a espada recém-afiada fixada no solo de modo a ser mais cortante, lembrando que ela fora a dádiva do inimigo Heitor, o mais odioso "dos hóspedes meus" (*xénon emoí, Áj.* 817), isto é, dos estrangeiros, distinguido assim dos não menos odiosos novos inimigos entre os gregos. Depois, invoca Zeus suplicando-lhe que envie um mensageiro que leve a notícia de sua morte a Teucro para que este o recolha antes de ser descoberto e vilipendiado por seus inimigos. Invoca Hermes, que conduz as almas dos mortos aos ínferos, para que bem o adormeça sem dor nem espasmo "ao romper as costelas com esta faca" (*Áj.* 833 e s.). Invoca as Erínies, que punem as transgressões, como testemunhas de sua autoimolação causada pelos Atridas, suplicando que elas não só deem aos Atridas morte pelas mãos dos próprios familiares, mas também destruam toda a tropa grega. Invoca o Sol como mensageiro que anuncie sua morte aos seus pais. Por fim, invoca Morte (*ó Thánate, Thánate, Áj.* 854), como a um médico que o visitasse e como seu interlocutor doravante, antes de se despedir da luz diurna, do Sol, do solo pátrio de Salamina, de Atenas e de seu povo fraterno, e das fontes, dos rios e das planícies troianas, que lhe proveram alimento.

No epipárodo (como se diz o retorno do coro à orquestra), vindos um de leste e outro de oeste à procura de Ájax, os dois semicoros se encontram enquanto lamentam a fadiga e o malogro da busca.

No segundo *kommós*, na estrofe, o coro se pergunta que pescador, ou que Deusa olímpia, ou que rio do Bósforo poderia avisá-lo, caso visse o erradio varão, e lamenta a fadiga e o insucesso, quando Tecmessa grita alhures ao encontrar o corpo de Ájax morto. Alternando as vozes, o coro e Tecmessa se inteiram da situação: Ájax saltou sobre a espada fixada no solo, Tecmessa recobre o corpo para poupar os seus da terrível visão e se pergunta que fazer, reclama por Teucro e lastima.

Na antístrofe, o coro e Tecmessa alternam as vozes lamentando a sorte de Ájax e as consequências dela na sorte deles, acusando os Atridas dos males que os afligem e a Deusa Atena de favorecer Odisseu contra Ájax. Por fim, o coro imagina que Odisseu e os Atridas estejam rindo e se divertindo com o infortúnio dos inimigos; e Tecmessa reflete que, se agora riem, depois sentirão a falta de Ájax nas premências da guerra, e conclui que a morte de Ájax é amarga para ela, doce para os inimigos dele, e feliz para ele próprio, que a obteve como a almejou.

No quarto episódio, as circunstâncias e a oportunidade da chegada de Teucro sugerem que Zeus tivesse atendido à prece de Ájax (*Áj.* 826-30, 998-99) e à expectativa de Tecmessa (*Áj.* 921-22), comunicando assim a essa ocasião uma ressonância numinosa. Teucro reitera e reforça a atitude de Tecmessa perante a morte de Ájax, desde seu primeiro lamento (*Ió moí moi!*, *Áj.* 974), que reitera o grito de Tecmessa ao encontrar o cadáver de Ájax (cf. *Áj.* 891) e ecoa as palavras dela sobre Ájax ("deixando-me dor e pranto partiu", *Áj.* 973). Teucro, ao se inteirar da morte de Ájax, de imediato pergunta por seu filho Eurísaces e ordena que a toda a pressa o tragam à sua presença antes que os inimigos o sequestrem. O coro, então, ressalta que Ájax ainda vivo lhe ordenou que incumbisse Teucro de cuidar, como agora cuida, de seu filho Eurísaces.

Perante a dolorosa visão do irmão morto, Teucro se pergunta: "Aonde ainda posso ir?" (*Áj.* 1006), como Ájax antes se perguntara: "Onde fugir? / Onde ficar?" (*Áj.* 403 e s.). Teucro se indaga como se apresentaria ao pai Têlamon a sós sem o irmão (*Áj.* 1007-18), como Ájax também se indagara como se apresentaria ao mesmo pai sem o prêmio supremo das armas de Aquiles (*Áj.* 462-65). Teucro se defronta com o impasse e a questão: "*oímoi*, que fazer?" (*Áj.* 1024) com que Ájax antes se defrontara: "e agora, que fazer?" (*Áj.* 457). Ao contrário de Ájax, que no impasse permaneceu centrado na glória de seu próprio valor, nesse mesmo impasse Teucro se reconhece no interesse dos seus e de imediato nos cuidados funerários de seu irmão morto, a quem interpela como se dele pudesse obter respostas.

Suspeitos de ser interpolação de ator anônimo, os versos 1028-39 têm duas abruptas mudanças: da segunda para a terceira pessoa em referência a Ájax e de um tom de comovida interação para o de uma reflexão retórica. Nesses versos, a descrição da morte de Heitor difere do texto da *Ilíada* (XXII, 395-404), onde Aquiles amarra Heitor já morto (e não ainda vivo) com correias (e não com o cinto doado por Ájax) ao carro para arrastá-lo. Variações assim são comuns na tradição poética grega. Mas o crescente tom retórico neste final da fala de Teucro pareceu a alguns filólogos deslocado e digressivo. Quanto à interpolação, se esses sábios estão certos, só as Musas poderiam dizer.

Na segunda cena, o confronto (*agón*) entre Menelau e Teucro explicita as posições e os limites de cada um dos oponentes. Menelau proíbe a remoção do cadáver, por decisão sua e do chefe da tropa, acusando Ájax de insubordinação e alegando que o ataque doloso de Ájax aos chefes, frustrado por intervenção divina, deve ser punido com a privação de funerais e abandono do morto às aves marinhas. Menelau se trai ao declarar que os Atridas, incapazes de o dominar em vida, agora poderiam controlá-lo morto (*Áj.* 1067-70), dissimulando a covardia com a digressão da necessidade política de obediência e de temor, de pavor, de respeito e de vergonha (*Áj.* 1071-80, cf. Ésquilo, *Eum.* 517-25). Menelau ainda se trai quando adverte Teucro da vicissitude que subverte a segurança dos mortais, mostrando-se tão jubiloso da situação que no momento o favorece quanto incapaz de perceber que suas palavras tanto se podem aplicar a seu oponente quanto a si mesmo (*Áj.* 1081-86). Por fim, exemplifica a vicissitude da segurança com a contraposição entre outrora o flagrante transgressor Ájax e agora a própria soberba de proibir os funerais de Ájax, equiparando-se assim em soberbia ao seu adversário (*Áj.* 1087-90). O coro contemporiza declarando sábias as opiniões de Menelau, mas alerta-o de estar incorrendo em transgressão aos mortos (*Áj.* 1091 e s.).

Teucro, sem mencionar o indefensável ataque malogrado, refuta que Ájax e seus homens fossem subordinados aos Atridas, ressaltando que Menelau é rei de Esparta, não dos salamínios, e que Ájax foi à guerra não por causa da mulher de Menelau, mas pelos juramentos que fizera. (Trata-se dos juramentos com que outrora Tindáreo obrigara os pretendentes de sua filha Helena a resgatá-la em eventual caso de rapto depois de casada.) Teucro desdenha de Menelau e de suas ameaças (*Áj.* 1093-1117). Apesar de composto por salamínios, o coro desaprova o tom ríspido e ferino das palavras, ainda que justas, de Teucro (*Áj.* 1118 e s.).

Na sequência do diálogo entre Teucro e Menelau, nenhum progresso no entendimento, nenhum ganho em prol dos funerais. A animosidade e ataques dispersos dos oponentes desviam o foco da questão central dos funerais. Nessa desinteligência Teucro por sua vez se vangloria de ser soberbo (*Áj.* 1125) como antes o fizera Menelau (cf. *Áj.* 1088 e s.). Cada qual conclui com uma fábula, que explicitam aplicando-a ao adversário. Menelau parte com a mesma disposição de ânimo com que chegara.

Na terceira cena, Tecmessa entra com o filho e permanece calada. As recomendações de Teucro a Eurísaces sobre como o menino devia se comportar perante o pai morto sugerem a atitude e a expectativa que em geral se observam no culto a herói. Uma instância na hierarquia dos seres divinos veneráveis, para os gregos clássicos, era o que nos tempos clássicos se chamava "herói" (*héros*), o morto que se supunha ter poder sobre a região de seu túmulo e cujo favor se propiciava com um culto funerário, designado "honras heroicas" (*heroikaì timaí*). Teucro recomenda a Eurísaces a atitude de suplicante junto a seu pai, com oferenda de cabelos dos próximos do morto, e enquanto corta o seu próprio cabelo impreca a morte contra quem tentasse retirar dali o menino. Confia o menino à custódia não só do morto mas também do coro de marinheiros salamínios, e retira-se para providenciar a cova para o morto.

No terceiro estásimo, a primeira estrofe lastima a interminável e sofrida duração da guerra em Troia. A primeira antístrofe remonta ao princípio dos males e impreca contra quem apresentou aos gregos o

Deus Ares, que se manifesta na carnificina. A segunda estrofe contrasta os ausentes e perdidos prazeres da paz com os presentes desgostos da guerra. A segunda antístrofe se volta à perda de Ájax com suas inquietantes consequências e em devaneio formula o desejo de imediato retorno ao lar, navegando à vista do Cabo Súnio e saudando Atenas.

No Êxodo, na primeira cena confrontam-se Agamêmnon e Teucro. Sem mencionar em nenhum momento a interdição dos funerais, Agamêmnon num ataque veemente se dirige a Teucro como "filho da cativa" (*Áj.* 1228) para negar a legitimidade de sua defesa de Ájax, exagera as anteriores palavras de Teucro a Menelau para refutá-las, arroga-se tanto valor militar que prescindiria de Ájax e nega a este inteligência estratégica reduzindo-o a um brutamontes, ameaça de coibir Teucro com violência e por fim desdenha de ouvi-lo, declarando-o bárbaro inepto e necessitado de um patrono que o possa defender.

Em sua réplica, Teucro primeiro se dirige a Ájax, lastimando a ingratidão dos mortais aos mortos, comprovada nas palavras de Agamêmnon, depois se volta para Agamêmnon para recordar-lhe a superioridade de Ájax como quando este salvou a sós os navios do ataque incendiário de Heitor (cf. *Il.* XVI, 124) e quando lutou contra Heitor em combate singular (cf. *Il.* VII, 38-312). Teucro se associa aos feitos de Ájax para repelir o desprezo de Agamêmnon, vilipendia o avô, o pai e a mãe de Agamêmnon, enaltece sua própria mãe como "princesa filha de Laomedonte" (*Áj.* 1302) e o mérito de seu pai por recebê-la de Héracles em reconhecimento do valor militar, declara que por ter pais tão nobres não abandonaria o irmão insepulto, e por fim rebate a ameaça de violência com a ameaça de revidá-la.

Na segunda cena, Odisseu substitui Teucro no confronto com Agamêmnon e contrasta sua posição e sua perspectiva tanto com as de Teucro quanto com as Agamêmnon. Inicialmente, enquanto Agamêmnon e Teucro estão engalfinhados no debate, a esperançosa acolhida do coro a Odisseu com o título honorífico ("rei Odisseu", *Áj.* 1316) assinala a constatação do impasse em que os partidários de Ájax se encontram, uma consistente mudança de sentimento em relação a Odisseu e o recrudescimento da atitude conciliatória já manifesta pelo coro nos confrontos anteriores de Teucro com Menelau e com Agamêmnon.

Odisseu retribui o tom conciliatório, atribuindo aos Atridas os gritos que ouvira desde longe, sem mencionar Teucro, e referindo-se a Ájax como "este valente morto" (*Áj.* 1319). Agamêmnon justifica seus gritos com a atitude tomada por Teucro contrária à interdição dos funerais de Ájax proclamada pelos Atridas. Odisseu, antes de opinar sobre a querela, pergunta a Agamêmnon se pode dizer ao amigo a verdade sem desgaste à aliança. O apreço de Agamêmnon por Odisseu é conhecido pela tradição desde Homero (cf. *Il.* IV, 360-61; Ésquilo, *Ag.* 841 e s.).

Com o prévio aval de Agamêmnon, Odisseu expõe seus argumentos a favor dos funerais de Ájax, admitindo que este em vida era seu inimigo e concentrando-se nas noções de reverência aos Deuses, justiça e honra. A objetividade e universalidade dessas noções na tradição grega dão à argumentação de Odisseu uma sustentação inatacável (*Áj.* 1322-45). Na subsequente esticomítia com Agamêmnon, Odisseu se mostra com hábil precisão inteiramente focado em seu propósito e meios de persuadir Agamêmnon do que é melhor para todos (*Áj.* 1346-69). Agamêmnon não é demovido de seu ódio a Ájax, não é essa a questão, mas é persuadido a permitir os funerais ao morto em respeito aos Deuses e às normas divinas não mais do que em respeito a Odisseu mesmo (*Áj.* 1370-73). O coro, marcando o termo uma radical mudança de juízo e de atitude, reconhece a inata sabedoria de Odisseu (*Áj.* 1374 e s.)

Na terceira cena, o diálogo entre Odisseu e Teucro ressalta a superioridade moral de Odisseu e sela a solução do impasse, ainda que os ódios perdurem. Após Agamêmnon se retirar, Odisseu oferece sua amizade a Teucro e se dispõe a participar dos funerais de Ájax. Teucro reconhece a cooperação e valor de Odisseu, e aceita seu apoio, mas recusa sua participação nos funerais, alegando possível dificuldade por parte do morto. No mesmo discurso de reconhecimento a Odisseu, Teucro impreca a Zeus Olímpio, à memoriosa Erínis e à executora Justiça que os Atridas morram mal e tenham o mesmo tratamento que queriam infligir a Ájax, privação de funerais. Odisseu aceita essa previsível recusa e se retira, Teucro se incumbe dos funerais.

Assim se contrapõem nesta tragédia duas atitudes possíveis aos mortais na proximidade da Deusa Atena: a de Ájax e a de Odisseu. Uma é inviável e se verifica insustentável para todos os mortais que estão cada um a seu modo implicados nela. A outra não só é inteiramente viável, mas também benéfica para todos os mortais que são de algum modo afetados por ela.

O Vaticínio de Calcas em *Ájax*

Beatriz de Paoli

PRENÚNCIOS FIGURAM EM TODAS as sete tragédias supérstites de Sófocles, seja na forma de oráculos – o de Delfos em *Édipo Rei*, o de Dodona nas *Traquínias* –, seja na forma de vaticínios enunciados por adivinhos – como o de Heleno em *Filoctetes*, o de Tirésias em *Antígona* e em *Édipo em Colono*, o de Calcas em *Ájax*.

Calcas é o adivinho que aparece associado a eventos divinatórios relativos à guerra de Troia: tanto aqueles que ocorrem antes, como durante ou depois do embate entre gregos e troianos. Personagem da *Ilíada*, seu saber divinatório foi imortalizado pelos versos homéricos, que lhe atribuem o conhecimento do passado, do presente e do futuro (*Il.*, I, 70), saber que, em Hesíodo, o adivinho compartilha com as Deusas Musas (*Teogonia* 32).

Enquanto personagem trágico, Calcas não aparece em cena nas tragédias que chegaram até nós, mas seus vaticínios estão presentes nas obras de Ésquilo, Sófocles e Eurípides, e são reportados direta ou indiretamente por outras personagens.

Igualmente como ocorre na *Ilíada*, em algumas tragédias Calcas é ultrajado e seus vaticínios, recusados, mas, também como nos versos iliádicos, seus vaticínios mostram-se sempre verdadeiros e se realizam. Assim, tanto na épica como na tragédia, as objeções a Calcas e a seus vaticínios parecem estar mais a serviço da caracterização do personagem que objeta ou recusa o vaticínio do que de uma apreciação negativa desse adivinho. Afinal, Calcas, assim como Tirésias, não são adivinhos comuns; eles são duplamente legitimados: pelos Deuses que lhes concederam - no caso de Calcas - ou lhes preservaram - no caso de Tirésias - o dom divinatório, bem como pela autoridade com que a fama imperecível dos versos homéricos lhes agraciou.

Em *Ájax*, o vaticínio de Calcas delimita, estruturalmente, duas partes da tragédia, marcando, por um lado, o fim do dilema a respeito da vida de Ájax - se ele irá se suicidar ou não - e, por outro, dando início ao dilema a respeito de seu cadáver - se ele poderá ser sepultado ou não. O vaticínio se situa, ainda, entre clímax e anticlímax. Ao discurso ominosamente ambíguo de Ájax no Segundo Episódio, afirmando que haveria de se reconciliar com os Deuses e com os Atridas, segue-se o canto de júbilo do Coro, que constitui o anticlímax característico da tragédia sofocliana. É nesse momento que, na primeira cena do Terceiro Episódio, o mensageiro vem anunciar a chegada de Teucro a Ájax, que, conforme lhe comunica o Coro, acabara de deixar sua tenda, exatamente o que ele não deveria fazer, pois Teucro, relata o mensageiro, proibiu Ájax de fazê-lo sem sua companhia.

À manifestação de decepção e receio do Mensageiro, o Coro contrapõe a sua confiança de que Ájax deixara a tenda após tomar a melhor decisão: reconciliar-se com a ira dos Deuses. Por sua vez, o Mensageiro contrapõe a fala do "bem pensante" (*eû phroneîn, Áj.* 746) Calcas à fala repleta de "sandice" (*morías, Áj.* 745) do coro. O que caracteriza Calcas como "bem pensante" e "sábio" (*eû phroneîn, Áj.* 746; *sophós* 783) é o seu conhecimento divinatório, que lhe permite identificar não somente o motivo da cólera da Deusa Atena contra Ájax, que explica com clareza, mas também a sua duração: "somente neste dia" (*ténde éth'heméran mónen, Áj.* 756; cf. *têisde éth'hemérai*, 778; *kath'heméran*, 801).

O dado temporal do vaticínio de Calcas tem uma implicação dramática, à medida que chama atenção para a urgência do tempo presente, esse momento em que, temerosos pelo descumprimento da condição prescrita pelo adivinho para a salvação de Ájax, contempla-se a possibilidade de ser possível evitar o pior enquanto se teme ser tarde demais para fazê-lo. A tensão dramática, esvaziada no anticlímax, é então novamente recarregada para o clímax da tragédia: o suicídio de Ájax. Além disso, dá ocasião para que o coro, na urgência de encontrar o herói, abandone o palco, de modo que Ájax possa suicidar-se longe da vista das demais personagens.

No entanto, o dado referente ao tempo no vaticínio de Calcas possui outras implicações. Nesse limite temporal para a cólera de Atena ressoam os versos prologais em que a Deusa pondera sobre a instabilidade das coisas humanas: "o dia derruba e outra vez reergue / tudo que é humano" (*heméra klínei te kanágei pálin / hápanta tanthrópeia*, *Áj.* 131--32). Esse mesmo saber divino expresso no Prólogo por Atena – onde a Deusa é quem tudo sabe e tudo vê – expressa-se, assim, no vaticínio de Calcas através dessa limitação temporal de apenas um dia para a cólera da Deusa.

Esse elemento, que circunscreve temporalmente a cólera da Deusa, faz ainda reverberar no vaticínio de Calcas a ironia trágica dos oráculos sofoclianos, em que a ambiguidade oracular é explorada sobretudo pela omissão de informações fundamentais para a correta compreensão do oráculo, a que se chega somente após o seu cumprimento. Assim, por exemplo, no *Édipo Rei*, o oráculo de Delfos prenuncia que Édipo matará seu pai e desposará sua mãe. Não há ambiguidade aparente no oráculo, mas o sentido é inesperado, visto que os pais de Édipo não eram quem ele pensava que fossem e a informação fundamental de *quem* eram os pais de Édipo não é revelada. Igualmente, nas *Traquínias*, o oráculo de Dodona prenuncia o fim dos trabalhos de Héracles após sua última batalha; da mesma forma, o sentido se revela inesperado, porque a informação fundamental de *como* os trabalhos iriam acabar, isto é, com a sua morte, não é revelada. Assim sendo, em *Ájax*, Calcas vaticina que a cólera de Atena irá durar somente um dia, e a informação fundamental aqui omitida é *por que* sua cólera não ultrapassará esse dia: porque no dia seguinte Ájax estará morto. Afinal, como dissera a Deusa, basta um dia para derrubar um homem.

Entre aquilo que o oráculo ou o vaticínio revela e aquilo que não revela, abre-se uma fenda, e essa fenda é perigosa, pois por ela pode cair o herói, como cai Édipo. Essa fenda, evocada pelo limite temporal do vaticínio de Calcas, representa o descompasso existente entre o conhecimento divino e humano, entre o ponto de vista divino e o ponto de vista humano.

Nessa cena do Mensageiro, em que as palavras do adivinho se sobrepõem às palavras do Mensageiro, ocupando grande parte de seu discurso, a fala de Calcas comunica mais do que a *hýbris* de Ájax, motivo da cólera da Deusa, ou a pífia esperança de que o herói possa ser salvo, quando se sabe que de fato não há esperança possível. O dado temporal – "somente neste dia" (*ténde éth'heméran mónen, Áj.* 756) – traz opacidade ao vaticínio, tornando-o oracular, subitamente enigmático, e, assim, naquilo que o vaticínio deixa de revelar, revela-se mais claramente, por apartá-los, a distinção entre os pontos de vista humano e divino.

Nesse sentido, essa cena reflete o prólogo, em que o descompasso entre o conhecimento divino e humano se evidencia através do jogo operado por Atena de quem vê e é visto, de quem ouve e é ouvido. O vaticínio de Calcas traz, portanto, Atena, a Deusa que "tem ciência" (*eiduías, Áj.* 13), novamente para o centro da tragédia, reelaborando, dessa forma, a reflexão tanto sobre a instabilidade da vida humana quanto sobre os limites de seu conhecimento.

REFERÊNCIAS BIBLIOGRÁFICAS

Bowman, L. M. *Knowledge and Prophecy in Sophokles.* Los Angeles, University of California, 1994, 245 pp. Thesis Dissertation.

Jouanna, J. Sophocle. *Ajax*, v. 747: "Le Savoir du Devin ou le Savoir du Messager?" *Revue des Études Grecques*, 104, pp. 556-563, 1991.

Van Erp Taalman Kip, A. M. "Athena's One-Day Limit in Sophocles Aias". *Mnemosyne*, vol. 60, n. 3, pp. 464-471, 2007.

ΑΙΑΣ / ÁJAX*

* A presente tradução segue o texto de H. Lloyd-Jones e N. G. Wilson, *Sophoclis Fabulae* (Oxford, Oxford University Press, 1990). Os números à margem dos versos seguem a referência estabelecida pela tradição filológica e nem sempre coincidem com a sequência ordinal (N. do T.).

ΤΑ ΤΟΥ ΔΡΑΜΑΤΟΣ ΠΡΟΣΩΠΑ

Ἀθηνᾶ
Ὀδυσσεύς
Αἴας
Χορὸς Σαλαμινίων ναυτῶν
Τέκμησσα
Ἄγγελος
Τεῦκρος
Μενέλαος
Ἀγαμέμνων

ΚΩΦΑ ΠΡΟΣΩΠΑ

Εὐρυσάκης
Παιδαγωγός
Κῆρυξ

PERSONAGENS DO DRAMA

ATENA

ODISSEU

ÁJAX

CORO DE MARINHEIROS SALAMÍNIOS

TECMESSA

MENSAGEIRO

TEUCRO

MENELAU

AGAMÊMNON

PERSONAGENS MUDOS

EURÍSACES

PEDAGOGO

ARAUTO

ΑΘΑΝΑ

Ἀεὶ μέν, ὦ παῖ Λαρτίου, δέδορκά σε
πεῖράν τιν› ἐχθρῶν ἁρπάσαι θηρώμενον·
καὶ νῦν ἐπὶ σκηναῖς σε ναυτικαῖς ὁρῶ
Αἴαντος, ἔνθα τάξιν ἐσχάτην ἔχει,
πάλαι κυνηγετοῦντα καὶ μετρούμενον
ἴχνη τὰ κείνου νεοχάραχθ›, ὅπως ἴδῃς
εἴτ› ἔνδον εἴτ› οὐκ ἔνδον. εὖ δέ σ› ἐκφέρει
κυνὸς Λακαίνης ὥς τις εὔρινος βάσις.
ἔνδον γὰρ ἁνὴρ ἄρτι τυγχάνει, κάρα
στάζων ἱδρῶτι καὶ χέρας ξιφοκτόνους.
καί σ› οὐδὲν εἴσω τῆσδε παπταίνειν πύλης
ἔτ› ἔργον ἐστίν, ἐννέπειν δ› ὅτου χάριν
σπουδὴν ἔθου τήνδ›, ὡς παρ› εἰδυίας μάθῃς.

ΟΔΥΣΣΕΥΣ

ὦ φθέγμ› Ἀθάνας, φιλτάτης ἐμοὶ θεῶν,
ὡς εὐμαθές σου, κἂν ἄποπτος ᾖς ὅμως,
φώνημ› ἀκούω καὶ ξυναρπάζω φρενὶ
χαλκοστόμου κώδωνος ὡς Τυρσηνικῆς.
καὶ νῦν ἐπέγνως εὖ μ› ἐπ› ἀνδρὶ δυσμενεῖ
βάσιν κυκλοῦντ›, Αἴαντι τῷ σακεσφόρῳ.
κεῖνον γάρ, οὐδέν› ἄλλον, ἰχνεύω πάλαι.
νυκτὸς γὰρ ἡμᾶς τῆσδε πρᾶγος ἄσκοπον
ἔχει περάνας, εἴπερ εἴργασται τάδε·
ἴσμεν γὰρ οὐδὲν τρανές, ἀλλ› ἀλώμεθα·
κἀγὼ ‹θελοντὴς τῷδ› ὑπεζύγην πόνῳ.
ἐφθαρμένας γὰρ ἀρτίως εὑρίσκομεν
λείας ἁπάσας καὶ κατηναρισμένας
ἐκ χειρὸς αὐτοῖς ποιμνίων ἐπιστάταις.
τήνδ› οὖν ἐκείνῳ πᾶς τις αἰτίαν τρέπει.

PRÓLOGO (1-133)

ATENA

Sempre, filho de Laertes, tenho-te visto
à caça de pilhar as tentativas de inimigos
e agora te vejo nas tendas junto às naus
de Ájax, onde ele tem extrema posição,
há muito estás perseguindo e medindo
vestígios recém-impressos para veres
se está ou não está em casa. Bem te leva
o passo de fino faro como de cão lacônio.
O varão agora está em casa, com a cabeça
pingando suor e as mãos armadas de faca.
Não é mais mister espiar dentro de casa,
mas dizer por que razão fizeste o esforço
para que aprendas de quem tem ciência.

ODISSEU

Ó voz de Atena, minha mais cara Deusa,
ainda que invisível, tua bem conhecida
voz escuto e compreendo com o espírito
como de clarim tirreno de brônzea boca.
Agora bem me reconheceste a rodear
o varão inimigo – Ájax, o porta-escudo.
Há muito o investigo e a nenhum outro.
Esta noite nos infligiu incompreensível
cometimento, se é que ele assim agiu;
não sabemos claro, mas estamos a esmo.
Voluntário eu me incumbi desta fadiga.
Descobrimos há pouco destruído todo
o espólio e trucidado por algum braço
junto com os guardadores do rebanho.
Todos voltam a acusação contra ele.

καί μοί τις ὀπτὴρ αὐτὸν εἰσιδὼν μόνον
πηδῶντα πεδία σὺν νεορράντῳ ξίφει
φράζει τε κἀδήλωσεν· εὐθέως δ› ἐγὼ
κατ› ἴχνος ᾄσσω, καὶ τὰ μὲν σημαίνομαι,
τὰ δ› ἐκπέπληγμαι, κοὐκ ἔχω μαθεῖν ὅπου.
καιρὸν δ› ἐφήκεις· πάντα γὰρ τά τ› οὖν πάρος
τά τ› εἰσέπειτα σῇ κυβερνῶμαι χερί.

ΑΘΑΝΑ

ἔγνων, Ὀδυσσεῦ, καὶ πάλαι φύλαξ ἔβην
τῇ σῇ πρόθυμος εἰς ὁδὸν κυναγίᾳ.

ΟΔΥΣΣΕΥΣ

ἦ καί, φίλη δέσποινα, πρὸς καιρὸν πονῶ;

ΑΘΑΝΑ

ὡς ἔστιν ἀνδρὸς τοῦδε τἄργα ταῦτά σοι.

ΟΔΥΣΣΕΥΣ

καὶ πρὸς τί δυσλόγιστον ὧδ› ᾖξεν χέρα;

ΑΘΑΝΑ

χόλῳ βαρυνθεὶς τῶν Ἀχιλλείων ὅπλων.

ΟΔΥΣΣΕΥΣ

τί δῆτα ποίμναις τήνδ› ἐπεμπίπτει βάσιν;

ΑΘΑΝΑ

δοκῶν ἐν ὑμῖν χεῖρα χραίνεσθαι φόνῳ.

ΟΔΥΣΣΕΥΣ

ἦ καὶ τὸ βούλευμ› ὡς ἐπ› Ἀργείοις τόδ› ἦν;

Um olheiro tendo-o visto aos saltos
no campo com a faca recém-molhada
indicou e mostrou-me; logo me lanço
aos vestígios; alguns sinais reconheço,
outros me aturdem, sem como saber.
Vieste a tempo, pois tudo no passado
e no porvir administro com tua mão.

ATENA

Soube, Odisseu, e há muito guardiã
solícita vim ao encalço de tua caçada.

ODISSEU

Cara Senhora, será que estou certo?

ATENA

Sabe que esses feitos são deste varão.

ODISSEU

Por que lançou mão tão sem conta?

ATENA

Opresso da ira das armas de Aquiles.

ODISSEU

Por que nesse caso atacou o rebanho?

ATENA

Crendo tingir a mão em vosso sangue.

ODISSEU

Isso era um plano contra os argivos?

ΑΘΑΝΑ

κἂν ἐξεπράξατ›, εἰ κατημέλησ› ἐγώ.

ΟΔΥΣΣΕΥΣ

ποίαισι τόλμαις ταῖσδε καὶ φρενῶν θράσει;

ΑΘΑΝΑ

νύκτωρ ἐφ› ὑμᾶς δόλιος ὁρμᾶται μόνος.

ΟΔΥΣΣΕΥΣ

ἦ καὶ παρέστη κἀπὶ τέρμ› ἀφίκετο;

ΑΘΑΝΑ

καὶ δὴ ‹πὶ δισσαῖς ἦν στρατηγίσιν πύλαις.

ΟΔΥΣΣΕΥΣ

καὶ πῶς ἐπέσχε χεῖρα μαιμῶσαν φόνου;

ΑΘΑΝΑ

ἐγώ σφ› ἀπείργω, δυσφόρους ἐπ› ὄμμασι
γνώμας βαλοῦσα, τῆς ἀνηκέστου χαρᾶς,
καὶ πρός τε ποίμνας ἐκτρέπω σύμμεικτά τε
λείας ἄδαστα βουκόλων φρουρήματα·
ἔνθ› ἐσπεσὼν ἔκειρε πολύκερων φόνον
κύκλῳ ῥαχίζων, κἀδόκει μὲν ἔσθ› ὅτε
δισσοὺς Ἀτρείδας αὐτόχειρ κτείνειν ἔχων,
ὅτ› ἄλλοτ› ἄλλον ἐμπίτνων στρατηλατῶν.
ἐγὼ δὲ φοιτῶντ› ἄνδρα μανιάσιν νόσοις
ὤτρυνον, εἰσέβαλλον εἰς ἕρκη κακά.
κἄπειτ› ἐπειδὴ τοῦδ› ἐλώφησεν φόνου,
τοὺς ζῶντας αὖ δεσμοῖσι συνδήσας βοῶν
ποίμνας τε πάσας εἰς δόμους κομίζεται,

ATENA

Teria executado, se me descuidasse.

ODISSEU

Que coragem e ousadia eram essas?

ATENA

À noite por dolo vos atacava a sós.

ODISSEU

Será que avançou e atingiu o fim?

ATENA

Já estava à porta dos dois chefes.

ODISSEU

Como reteve a mão ávida de sangue?

ATENA

Eu o afastei do irremediável prazer
pondo-lhe nos olhos tredas noções
e voltei ao rebanho e misto espólio
não dividido guardado por pastores.
Ali atacando fez cornígero massacre
golpeando ao redor e ora lhe parecia
ter nas mãos e matar os dois Atridas
e ora um ora outro chefe ao atacar.
Eu atiçava erradio varão com loucos
distúrbios, impelia a malignas redes.
Depois, quando cessou este esforço,
encadeando com cadeias bois vivos
e todo o rebanho, levou-os para casa

ὡς ἄνδρας, οὐχ ὡς εὔκερων ἄγραν ἔχων.
καὶ νῦν κατ› οἴκους συνδέτους αἰκίζεται.
δείξω δὲ καὶ σοὶ τήνδε περιφανῆ νόσον,
ὡς πᾶσιν Ἀργείοισιν εἰσιδὼν θροῇς.
θαρσῶν δὲ μίμνε, μηδὲ συμφορὰν δέχου,
τὸν ἄνδρ›· ἐγὼ γὰρ ὀμμάτων ἀποστρόφους
αὐγὰς ἀπείρξω σὴν πρόσοψιν εἰσιδεῖν.
οὗτος, σὲ τὸν τὰς αἰχμαλωτίδας χέρας
δεσμοῖς ἀπευθύνοντα προσμολεῖν καλῶ·
Αἴαντα φωνῶ· στεῖχε δωμάτων πάρος.

ΟΔΥΣΣΕΥΣ

τί δρᾷς, Ἀθάνα; μηδαμῶς σφ› ἔξω κάλει.

ΑΘΑΝΑ

οὐ σῖγ› ἀνέξῃ μηδὲ δειλίαν ἀρῇ;

ΟΔΥΣΣΕΥΣ

μή πρὸς θεῶν· ἀλλ› ἔνδον ἀρκείτω μένων.

ΑΘΑΝΑ

τί μὴ γένηται; πρόσθεν οὐκ ἀνὴρ ὅδ› ἦν –

ΟΔΥΣΣΕΥΣ

ἐχθρός γε τῷδε τἀνδρὶ καὶ τανῦν ἔτι.

ΑΘΑΝΑ

οὔκουν γέλως ἥδιστος εἰς ἐχθροὺς γελᾶν;

ΟΔΥΣΣΕΥΣ

ἐμοὶ μὲν ἀρκεῖ τοῦτον ἐν δόμοις μένειν.

como a varões, não a cornígera caça,
e agora em casa os tortura encadeados.
Até te mostrarei o manifesto distúrbio
para vires e dizeres a todos os argivos.
Confia e espera, não por mal recebas
este varão, pois impedirei as reviradas
luzes dos olhos de avistar o teu vulto.
Ó tu, que pões mãos cativas de guerra
encadeadas, convido-te a aproximar-te,
chamo Ájax, vem para a frente da casa!

ODISSEU

Que fazes, Atena? Não o chames fora!

ATENA

Fiques em silêncio e não tenhas temor!

ODISSEU

Por Deuses, não! Basta que esteja lá dentro!

ATENA

O que se dá? Antes ele não era um varão?

ODISSEU

Inimigo sendo deste varão e ainda agora.

ATENA

Não é o mais doce riso rir-se de inimigos?

ODISSEU

A mim me basta que fique dentro de casa.

ΑΘΑΝΑ

μεμηνότ› ἄνδρα περιφανῶς ὀκνεῖς ἰδεῖν;

ΟΔΥΣΣΕΥΣ

φρονοῦντα γάρ νιν οὐκ ἂν ἐξέστην ὄκνῳ.

ΑΘΑΝΑ

ἀλλ› οὐδὲ νῦν σε μὴ παρόντ› ἴδῃ πέλας.

ΟΔΥΣΣΕΥΣ

πῶς, εἴπερ ὀφθαλμοῖς γε τοῖς αὐτοῖς ὁρᾷ;

ΑΘΑΝΑ

ἐγὼ σκοτώσω βλέφαρα καὶ δεδορκότα.

ΟΔΥΣΣΕΥΣ

γένοιτο μεντἂν πᾶν θεοῦ τεχνωμένου.

ΑΘΑΝΑ

σίγα νυν ἑστὼς καὶ μέν› ὡς κυρεῖς ἔχων.

ΟΔΥΣΣΕΥΣ

μένοιμ› ἄν· ἤθελον δ› ἂν ἐκτὸς ὢν τυχεῖν.

ΑΘΑΝΑ

ὦ οὗτος, Αἴας, δεύτερόν σε προσκαλῶ.
τί βαιὸν οὕτως ἐντρέπῃ τῆς συμμάχου;

ΑΙΑΣ

ὦ χαῖρ› Ἀθάνα, χαῖρε Διογενὲς τέκνον,
ὡς εὖ παρέστης· καί σε παγχρύσοις ἐγὼ
στέψω λαφύροις τῆσδε τῆς ἄγρας χάριν.

ATENA
Temes ver o varão manifestamente louco?

ODISSEU
Se ele estivesse lúcido eu não teria receio.

ATENA
Mas agora não sabe de tua presença perto.

ODISSEU
Como não, se ele vê com os mesmos olhos?

ATENA
Cobri de trevas seus olhos, ainda que veja.

ODISSEU
Tudo poderia suceder, se um Deus planeja.

ATENA
Permanece em silêncio e como te encontras.

ODISSEU
Assim farei, mas preferiria estar fora disso.

ATENA
Ó tu, Ájax, eu te chamo pela segunda vez.
Por que tão pouco te importas com a aliada?

ÁJAX
Salve, ó Atena! Salve, ó filha nata de Zeus!
Quão bem assististe! Com áureos espólios
eu te vou coroar por gratidão desta caçada.

ΑΘΑΝΑ

καλῶς ἔλεξας· ἀλλ› ἐκεῖνό μοι φράσον,
ἔβαψας ἔγχος εὖ πρὸς Ἀργείων στρατῷ;

ΑΙΑΣ

κόμπος πάρεστι κοὐκ ἀπαρνοῦμαι τὸ μή.

ΑΘΑΝΑ

ἦ καὶ πρὸς Ἀτρείδαισιν ᾔχμασας χέρα;

ΑΙΑΣ

ὥστ› οὔποτ› Αἴανθ› οἴδ› ἀτιμάσουσ› ἔτι.

ΑΘΑΝΑ

τεθνᾶσιν ἄνδρες, ὡς τὸ σὸν ξυνῆκ› ἐγώ.

ΑΙΑΣ

θανόντες ἤδη τἄμ› ἀφαιρείσθων ὅπλα.

ΑΘΑΝΑ

εἶεν· τί γὰρ δὴ παῖς ὁ τοῦ Λαερτίου;
ποῦ σοι τύχης ἕστηκεν; ἦ πέφευγέ σε;

ΑΙΑΣ

ἦ τοὐπίτριπτον κίναδος ἐξήρου μ› ὅπου;

ΑΘΑΝΑ

ἔγωγ›· Ὀδυσσέα τὸν σὸν ἐνστάτην λέγω.

ΑΙΑΣ

ἥδιστος, ὦ δέσποινα, δεσμώτης ἔσω
θακεῖ· θανεῖν γὰρ αὐτὸν οὔ τί πω θέλω.

ATENA

Bem o disseste, mas explica-me o seguinte:
bem mergulhaste faca na tropa de argivos?

ÁJAX

O orgulho está presente e não nego nunca.

ATENA

Acaso armaste tua mão contra os Atridas?

ÁJAX

Assim nunca mais negarão honra a Ájax.

ATENA

Estão mortos os varões, se entendi tua fala.

ÁJAX

Já mortos venham me tomar minhas armas.

ATENA

Pois bem, que se deu com o filho de Laertes?
Qual foi a sua sorte? Ou ele escapou de ti?

ÁJAX

Inquiriste-me onde a raposa surrada está?

ATENA

Sim, pergunto por Odisseu, o teu opositor.

ÁJAX

O mais doce cativo, Senhora, está sentado
dentro de casa. Ainda não o quero morto.

ΑΘΑΝΑ

πρὶν ἂν τί δράσῃς ἢ τί κερδάνῃς πλέον;

ΑΙΑΣ

πρὶν ἂν δεθεὶς πρὸς κίον› ἑρκείου στέγης –

ΑΘΑΝΑ

τί δῆτα τὸν δύστηνον ἐργάσῃ κακόν;

ΑΙΑΣ

μάστιγι πρῶτον νῶτα φοινιχθεὶς θάνῃ.

ΑΘΑΝΑ

μὴ δῆτα τὸν δύστηνον ὧδέ γ› αἰκίσῃ.

ΑΙΑΣ

χαίρειν, Ἀθάνα, τἄλλ› ἐγώ σ› ἐφίεμαι,
κεῖνος δὲ τείσει τήνδε κοὐκ ἄλλην δίκην.

ΑΘΑΝΑ

σὺ δ› οὖν – ἐπειδὴ τέρψις ἥδ᾽, <ἐν> σοὶ τὸ δρᾶν,
χρῶ χειρί, φείδου μηδὲν ὧνπερ ἐννοεῖς.

ΑΙΑΣ

χωρῶ πρὸς ἔργον· τοῦτο σοὶ δ› ἐφίεμαι,
τοιάνδ› ἀεί μοι σύμμαχον παρεστάναι.

ΑΘΑΝΑ

ὁρᾷς, Ὀδυσσεῦ, τὴν θεῶν ἰσχὺν ὅση;
τούτου τίς ἄν σοι τἀνδρὸς ἢ προνούστερος
ἢ δρᾶν ἀμείνων ηὑρέθη τὰ καίρια;

ATENA

Antes de que fazeres? Ou que mais teres?

ÁJAX

Antes de encadeado ao pilar de meu teto...

ATENA

Que infortúnio então infligirás ao infeliz?

ÁJAX

Com as costas rubras de açoite morrerá.

ATENA

Não, não tortures tanto assim o infeliz.

ÁJAX

Permito, Atena, que no mais te aprazas,
mas ele pagará esta, e não outra, justiça.

ATENA

Já que assim te apraz agir, usa tua mão,
não poupes nada do que tens em mente!

ÁJAX

Vou ao trabalho, mas isto eu te permito:
uma tal aliada sendo sempre me assistir.

ATENA

Vês, Odisseu, quanto poder dos Deuses?
Quem se revelaria mais perspicaz que esse
varão e melhor em agir de modo oportuno?

ΟΔΥΣΣΕΥΣ

ἐγὼ μὲν οὐδέν› οἶδ›· ἐποικτίρω δέ νιν
δύστηνον ἔμπας, καίπερ ὄντα δυσμενῆ,
ὁθούνεκ› ἄτῃ συγκατέζευκται κακῇ,
οὐδὲν τὸ τούτου μᾶλλον ἢ τοὐμὸν σκοπῶν.
ὁρῶ γὰρ ἡμᾶς οὐδὲν ὄντας ἄλλο πλὴν
εἴδωλ› ὅσοιπερ ζῶμεν ἢ κούφην σκιάν.

ΑΘΑΝΑ

τοιαῦτα τοίνυν εἰσορῶν ὑπέρκοπον
μηδέν ποτ› εἴπῃς αὐτὸς ἐς θεοὺς ἔπος,
μηδ› ὄγκον ἄρῃ μηδέν›, εἴ τινος πλέον
ἢ χειρὶ βρίθεις ἢ μακροῦ πλούτου βάθει.
ὡς ἡμέρα κλίνει τε κἀνάγει πάλιν
ἅπαντα τἀνθρώπεια· τοὺς δὲ σώφρονας
θεοὶ φιλοῦσι καὶ στυγοῦσι τοὺς κακούς.

ODISSEU

Eu não conheço ninguém, apiedo-me dele
na infeliz situação, ainda que seja inimigo,
porque está subjugado a maligna erronia,
pois observo não o que é dele, mas o meu.
Eu vejo que todos nós os vivos não somos
nada mais do que imagens e leve sombra.

ATENA

Ao contemplares tal situação, não profiras
por tua vez palavra soberba ante os Deuses,
nem faças nenhum alarde, se és superior
na força do braço ou no valor da riqueza,
porque o dia derruba e outra vez reergue
tudo que é humano. Aos varões prudentes
os Deuses amam e têm horror dos maus.

ΧΟΡΟΣ

Τελαμώνιε παῖ, τῆς ἀμφιρύτου
Σαλαμῖνος ἔχων βάθρον ἀγχιάλον,
σὲ μὲν εὖ πράσσοντ› ἐπιχαίρω·
σὲ δ› ὅταν πληγὴ Διὸς ἢ ζαμενὴς
λόγος ἐκ Δαναῶν κακόθρους ἐπιβῇ,
μέγαν ὄκνον ἔχω καὶ πεφόβημαι
πτηνῆς ὡς ὄμμα πελείας.
ὡς καὶ τῆς νῦν φθιμένης νυκτὸς
μεγάλοι θόρυβοι κατέχουσ› ἡμᾶς
ἐπὶ δυσκλείᾳ, σὲ τὸν ἱππομανῆ
λειμῶν› ἐπιβάντ› ὀλέσαι Δαναῶν
βοτὰ καὶ λείαν
ἥπερ δορίληπτος ἔτ› ἦν λοιπή,
κτείνοντ› αἴθωνι σιδήρῳ.
τοιούσδε λόγους ψιθύρους πλάσσων
εἰς ὦτα φέρει πᾶσιν Ὀδυσσεύς,
καὶ σφόδρα πείθει. περὶ γὰρ σοῦ νῦν
εὔπειστα λέγει, καὶ πᾶς ὁ κλύων
τοῦ λέξαντος χαίρει μᾶλλον
τοῖς σοῖς ἄχεσιν καθυβρίζων.
τῶν γὰρ μεγάλων ψυχῶν ἱεὶς
οὐκ ἂν ἁμάρτοις· κατὰ δ› ἄν τις ἐμοῦ
τοιαῦτα λέγων οὐκ ἂν πείθοι.
πρὸς γὰρ τὸν ἔχονθ› ὁ φθόνος ἕρπει.
καίτοι σμικροὶ μεγάλων χωρὶς
σφαλερὸν πύργου ῥῦμα πέλονται·
μετὰ γὰρ μεγάλων βαιὸς ἄριστ› ἂν
καὶ μέγας ὀρθοῖθ› ὑπὸ μικροτέρων·

PÁRODO (134-200)

CORO

Filho de Têlamon, senhor do solo
marítimo de Salamina circunfusa,
rejubilo-me com tua boa situação,
mas se golpe de Zeus te sobrevém,
ou hostil voz maldica de argivos,
tenho muito receio e sinto pavor
qual o vulto de volátil pomba.
Assim ainda neste fim de noite
graves rumores nos ocupam
inglórios de que no equestre
prado destruíste o rebanho
e o espólio dos dânaos
restante pilhado à lança
e mataste com o rútilo ferro.
Forjando tão vis murmúrios
Odisseu dá à oitiva de todos
e muito persuade, pois crível
fala de ti e todos os ouvintes
têm mais do que quem fala
prazer em ultrajar tuas dores.
Quem mira as grandes vidas
não erraria, mas contra mim
dito assim não persuadiria.
A inveja segue o possuinte.
Os pequenos sem os grandes
têm pouco o abrigo da torre.
Com os grandes o fraco vai
bem e grandes com menores.

ἀλλ› οὐ δυνατὸν τοὺς ἀνοήτους
τούτων γνώμας προδιδάσκειν.
ὑπὸ τοιούτων ἀνδρῶν θορυβῇ
χἠμεῖς οὐδὲν σθένομεν πρὸς ταῦτ›
ἀπαλέξασθαι σοῦ χωρίς, ἄναξ.
ἀλλ› ὅτε γὰρ δὴ τὸ σὸν ὄμμ› ἀπέδραν,
παταγοῦσιν ἅτε πτηνῶν ἀγέλαι·
μέγαν αἰγυπιὸν <δ›> ὑποδείσαντες,
τάχ› ἄν, ἐξαίφνης εἰ σὺ φανείης,
σιγῇ πτήξειαν ἄφωνοι.

{STR.} ἦ ῥά σε Ταυροπόλα Διὸς Ἄρτεμις –
ὦ μεγάλα φάτις, ὦ
μᾶτερ αἰσχύνας ἐμᾶς –
ὥρμασε πανδάμους ἐπὶ βοῦς ἀγελαίας,
ἤ πού τινος νίκας ἀκάρπωτον χάριν,
ἦρα κλυτῶν ἐνάρων
ψευσθεῖσ› ἀδώροις εἴτ› ἐλαφαβολίαις
ἢ χαλκοθώραξ σοί τιν› Ἐνυάλιος
μομφὰν ἔχων ξυνοῦ δορὸς ἐννυχίοις
μαχαναῖς ἐτείσατο λώβαν;

{ANT.} οὔποτε γὰρ φρενόθεν γ› ἐπ› ἀριστερά,
παῖ Τελαμῶνος, ἔβας
τόσσον ἐν ποίμναις πίτνων·
ἥκοι γὰρ ἂν θεία νόσος· ἀλλ› ἀπερύκοι
καὶ Ζεὺς κακὰν καὶ Φοῖβος Ἀργείων φάτιν.
εἰ δ› ὑποβαλλόμενοι
κλέπτουσι μύθους οἱ μεγάλοι βασιλῆς,
χὠ τᾶς ἀσώτου Σισυφιδᾶν γενεᾶς,
μὴ μή, ἄναξ, ἔθ› ὧδ› ἐφάλοις κλισίαις
ἐμμένων κακὰν φάτιν ἄρῃ.

Mas não se pode ensinar
essas noções aos imbecis.
Tais varões falam de ti,
mas isso não podemos
repelir sem ti, senhor.
Se eles evitam teus olhos
soam qual bando de aves.
Por temor a grande abutre
talvez se súbito surgisses
silentes sumissem mudos.

EST. Ártemis Tauròpola filha de Zeus –
oh difusa fama, oh
mãe de meu vexame –
impeliu-te ao rebanho público?
Foi vitória sem primícias
sonegado o ínclito espólio
ou o dom na caça aos corços?
Ou Eniálio de ênea couraça
queixoso de comum combate
puniu labéu com dolo à noite?

ANT. Nunca foste do tino ao sinistro
tanto, ó filho de Têlamon,
quanto ao atacar o rebanho.
Talvez distúrbio divino. Repilam
Zeus e Febo a voz vil de argivos!
Se os grandes reis e esse
da prole podre de Sísifo
difundem falsos boatos,
Senhor, não, não mais na marinha
tenda tão quieto aceites má fama!

{ESP.} ἀλλ› ἄνα ἐξ ἑδράνων
ὅπου μακραίωνι
στηρίζῃ ποτὲ τᾷδ› ἀγωνίῳ σχολᾷ,
ἄταν οὐρανίαν φλέγων.
ἐχθρῶν δ› ὕβρις ὧδ› ἀταρβηθ᾽
ὁρμᾶται ἐν εὐανέμοις βάσσαις,
πάντων βακχαζόντων
γλώσσαις βαρυάλγητ›·
ἐμοὶ δ› ἄχος ἕστακεν.

EPO. Eia, ergue-te do assento
onde te manténs nesse
tão longo ócio de luta,
ateando erronia até o céu!
O ultraje de inimigos avança
intrépido nos vales ventosos
estando todos entregues
a dolorosas palavras.
A dor em mim estacou.

ΤΕΚΜΗΣΣΑ

ναὸς ἀρωγοὶ τῆς Αἴαντος,
γενεᾶς χθονίων ἀπ› Ἐρεχθειδᾶν,
ἔχομεν στοναχὰς οἱ κηδόμενοι
τοῦ Τελαμῶνος τηλόθεν οἴκου.
νῦν γὰρ ὁ δεινὸς μέγας ὠμοκρατὴς
Αἴας θολερῷ
κεῖται χειμῶνι νοσήσας.

ΧΟΡΟΣ

τί δ› ἐνήλλακται τῆς ἀμερίας
νὺξ ἥδε βάρος;
παῖ τοῦ Φρυγίου Τελλεύταντος,
λέγ›, ἐπεί σε λέχος δουριάλωτον
στέρξας ἀνέχει θούριος Αἴας·
ὥστ› οὐκ ἂν ἄιδρις ὑπείποις.

ΤΕΚΜΗΣΣΑ

πῶς δῆτα λέγω λόγον ἄρρητον;
θανάτῳ γὰρ ἴσον πάθος ἐκπεύσῃ.
μανίᾳ γὰρ ἁλοὺς ἡμὶν ὁ κλεινὸς
νύκτερος Αἴας ἀπελωβήθη.
τοιαῦτ› ἂν ἴδοις σκηνῆς ἔνδον
χειροδάικτα σφάγι› αἱμοβαφῆ,
κείνου χρηστήρια τἀνδρός.

ΧΟΡΟΣ

{STR.} οἵαν ἐδήλωσας ἀνδρὸς αἴθονος

PRIMEIRO EPISÓDIO, PRIMEIRA PARTE (201-347)

TECMESSA

Nautas do navio de Ájax,
prole de térreos Erectidas,
nós pranteamos lembrados
da longe casa de Têlamon.
O terrível, grande e forte
Ájax agora em túrbida
tormenta jaz turvo.

CORO

Que fardo esta noite
permutou com o dia?
Filha do frígio Teleutas,
diz, pois o árdego Ájax
te preza esposa cativa,
e ignara não falarias.

TECMESSA

Como falar nefanda fala?
Saberás dor igual à morte.
Tomado de loucura à noite
o ínclito Ájax se aviltou.
Tais verias sob a tenda
mortas à mão sangrentas
vítimas daquele varão.

CORO

EST. Que nova do ardente varão

ἀγγελίαν ἄτλατον οὐδὲ φευκτάν,
τῶν μεγάλων Δαναῶν ὕπο κληζομέναν,
τὰν ὁ μέγας μῦθος ἀέξει.
ὤμοι, φοβοῦμαι τὸ προσέρπον. περίφαντος ἀνὴρ
θανεῖται, παραπλήκτῳ χερὶ συγκατακτὰς
κελαινοῖς ξίφεσιν βοτὰ καὶ
βοτῆρας ἱππονώμας.

ΤΕΚΜΗΣΣΑ

ὤμοι· κεῖθεν κεῖθεν ἄρ› ἡμῖν
δεσμῶτιν ἄγων ἤλυθε ποίμναν·
ὧν τὴν μὲν εἴσω σφάζ› ἐπὶ γαίας,
τὰ δὲ πλευροκοπῶν δίχ› ἀνερρήγνυ.
δύο δ› ἀργίποδας κριοὺς ἀνελὼν
τοῦ μὲν κεφαλὴν καὶ γλῶσσαν ἄκραν
ῥιπτεῖ θερίσας, τὸν δ› ὀρθὸν ἄνω
κίονι δήσας,
μέγαν ἱπποδέτην ῥυτῆρα λαβὼν
παίει λιγυρᾷ μάστιγι διπλῇ,
κακὰ δεννάζων ῥήμαθ›, ἃ δαίμων
κοὐδεὶς ἀνδρῶν ἐδίδαξεν.

ΧΟΡΟΣ

{ANT.} ὥρα ᾽στὶν ἁρμοῖ καλύμμασι
κρυψάμενον ποδοῖν κλοπὰν ἀρέσθαι,
ἢ θοὸν εἰρεσίας ζυγὸν ἑζόμενον
ποντοπόρῳ ναΐ μεθεῖναι.
τοίας ἐρέσσουσιν ἀπειλὰς δικρατεῖς Ἀτρεῖδαι
καθ› ἡμῶν· πεφόβημαι λιθόλευστον Ἄρη
ξυναλγεῖν μετὰ τοῦδε τυπείς,
τὸν αἶσ› ἄπλατος ἴσχει.

revelas intolerável inevitável
anunciada por grandes dânaos
e difundida por grande boato!
Ómoi, temo o porvir. Flagrado
o varão morrerá por trucidar
com mão louca e faca negra
o rebanho e pastores cavaleiros.

TECMESSA

Ómoi, de lá, de lá ele nos veio
conduzindo rebanho encadeado
que dentro degolou sobre a terra
ou partiu costelas e despedaçou.
Tira dois carneiros de alvos pés,
de um corta a cabeça e pela raiz
a língua e prende o outro no alto
da reta coluna
e com grande corda de prender égua
fustiga-o com duplo látego sibilante.
proferindo más palavras que o Nume
e mais nenhum dos varões ensinou.

CORO

ANT. Já é hora de lançar os pés em furtiva
fuga rápido com a cabeça encoberta
ou sentado num veloz banco remeiro
evadir-se num navio corredor de mar.
Tais ameaças os reis Atridas remam
contra nós. Temo compartilhar
golpes do lapidador Ares com
quem sórdida a sorte domina.

ΤΕΚΜΗΣΣΑ

οὐκέτι· λαμπρᾶς γὰρ ἄτερ στεροπᾶς
ᾄξας ὀξὺς νότος ὣς λήγει,
καὶ νῦν φρόνιμος νέον ἄλγος ἔχει·
τὸ γὰρ ἐσλεύσσειν οἰκεῖα πάθη,
μηδενὸς ἄλλου παραπράξαντος,
μεγάλας ὀδύνας ὑποτείνει.

ΧΟΡΟΣ

ἀλλ› εἰ πέπαυται, κάρτ› ἂν εὐτυχεῖν δοκῶ·
φρούδου γὰρ ἤδη τοῦ κακοῦ μείων λόγος.

ΤΕΚΜΗΣΣΑ

πότερα δ› ἄν, εἰ νέμοι τις αἵρεσιν, λάβοις,
φίλους ἀνιῶν αὐτὸς ἡδονὰς ἔχειν,
ἢ κοινὸς ἐν κοινοῖσι λυπεῖσθαι ξυνών;

ΧΟΡΟΣ

τό τοι διπλάζον, ὦ γύναι, μεῖζον κακόν.

ΤΕΚΜΗΣΣΑ

ἡμεῖς ἄρ› οὐ νοσοῦντος ἀτώμεσθα νῦν.

ΧΟΡΟΣ

πῶς τοῦτ› ἔλεξας; οὐ κάτοιδ› ὅπως λέγεις.

ΤΕΚΜΗΣΣΑ

ἁνὴρ ἐκεῖνος, ἡνίκ› ἦν ἐν τῇ νόσῳ,
αὐτὸς μὲν ἥδεθ› οἷσιν εἴχετ› ἐν κακοῖς,
ἡμᾶς δὲ τοὺς φρονοῦντας ἠνία ξυνών·
νῦν δ› ὡς ἔληξε κἀνέπνευσε τῆς νόσου,
κεῖνός τε λύπῃ πᾶς ἐλήλαται κακῇ,
ἡμεῖς θ› ὁμοίως οὐδὲν ἧσσον ἢ πάρος.

TECMESSA

Não mais. Símil a Noto sob fulgente
relâmpago após súbito assalto cessa.
Agora que está lúcido tem nova dor:
ao contemplar as próprias tribulações
porque ninguém mais agiu a seu lado
exacerba os seus grandes sofrimentos.

CORO

Ao cessar, creio, ele teria boa sorte:
a conta do mal já pretérito é menor.

TECMESSA

Se te dessem a escolha, preferirias
ter prazer quando amigos têm dor
ou condoer-te com dores comuns?

CORO

O dúplice mal, ó mulher, é maior.

TECMESSA

Ele já sem distúrbio, sofremos nós.

CORO

Que disseste? Não sei o que dizes.

TECMESSA

Este varão, quando estava turvo,
comprazia-se com os seus males
e sua situação nos afligia, lúcidos.
Agora que ele cessou e repousou
do distúrbio, é ferido de má dor,
e nós não menos igual que antes.

ἆρ› ἔστι ταῦτα δὶς τόσ› ἐξ ἁπλῶν κακά;

ΧΟΡΟΣ

ξύμφημι δή σοι καὶ δέδοικα μὴ ‹κ θεοῦ
πληγή τις ἥκει. πῶς γάρ, εἰ πεπαυμένος
μηδέν τι μᾶλλον ἢ νοσῶν εὐφραίνεται;

ΤΕΚΜΗΣΣΑ

ὡς ὧδ› ἐχόντων τῶνδ› ἐπίστασθαί σε χρή.

ΧΟΡΟΣ

τίς γάρ ποτ› ἀρχὴ τοῦ κακοῦ προσέπτατο;
δήλωσον ἡμῖν τοῖς ξυναλγοῦσιν τύχας.

ΤΕΚΜΗΣΣΑ

ἅπαν μαθήσῃ τοὔργον, ὡς κοινωνὸς ὤν.
κεῖνος γὰρ ἄκρας νυκτός, ἡνίχ› ἕσπεροι
λαμπτῆρες οὐκέτ› ᾖθον, ἄμφηκες λαβὼν
ἐμαίετ› ἔγχος ἐξόδους ἕρπειν κενάς.
κἀγὼ ‹πιπλήσσω καὶ λέγω· «τί χρῆμα δρᾷς,
Αἴας; τί τήνδ› ἄκλητος οὔθ› ὑπ› ἀγγέλων
κληθεὶς ἀφορμᾷς πεῖραν οὔτε του κλυὼν
σάλπιγγος; ἀλλὰ νῦν γε πᾶς εὕδει στρατός.»
ὁ δ› εἶπε πρός με βαί›, ἀεὶ δ› ὑμνούμενα·
«γύναι, γυναιξὶ κόσμον ἡ σιγὴ φέρει.»
κἀγὼ μαθοῦσ› ἔληξ›, ὁ δ› ἐσσύθη μόνος.
καὶ τὰς ἐκεῖ μὲν οὐκ ἔχω λέγειν πάθας·
εἴσω δ› ἐσῆλθε συνδέτους ἄγων ὁμοῦ
ταύρους, κύνας βοτῆρας, εὔερόν τ› ἄγραν.
καὶ τοὺς μὲν ηὐχένιζε, τοὺς δ› ἄνω τρέπων
ἔσφαζε κἀρράχιζε, τοὺς δὲ δεσμίους
ᾐκίζεθ› ὥστε φῶτας ἐν ποίμναις πίτνων.
τέλος δ› ἀπᾴξας διὰ θυρῶν σκιᾷ τινι

Não é duplo mal em vez de um?

CORO

Concordo e temo que venha golpe
de Deus. Como não, se no repouso
não fica mais feliz que no distúrbio?

TECMESSA

Que esta é a situação, deves saber.

CORO

Que mal a princípio o acometeu?
Conta-o a nós condoídos da sorte.

TECMESSA

Todo o feito saberás, sendo sócio.
À noite, quando as tochas da tarde
não mais brilhavam, com bigúmea
faca ardia por fazer vã excursão.
Eu o repreendo e digo: "Que fazes,
Ájax? Por que sem convite, sem
núncio clamar nem ouvir salpinge,
tu partes? Toda a tropa ora dorme."
Ele me disse pouco mas repetido:
"Mulher, silêncio orna mulheres."
Eu soube e calei, ele se foi só.
O que lá houve não sei dizer.
Entrou em casa com encadeados
touros, cães vígeis e caça lanosa.
Degola uns, revira e mata outros
decepados, ultraja os encadeados
como a varões, atacando o gado.
Enfim sai à porta e com sombras

λόγους ἀνέσπα, τοὺς μὲν Ἀτρειδῶν κάτα,
τοὺς δ› ἀμφ› Ὀδυσσεῖ, συντιθεὶς γέλων πολύν,
ὅσην κατ› αὐτῶν ὕβριν ἐκτείσαιτ› ἰών·
κἄπειτ› ἐνᾴξας αὖθις ἐς δόμους πάλιν
ἔμφρων μόλις πως ξὺν χρόνῳ καθίσταται.
καὶ πλῆρες ἄτης ὡς διοπτεύει στέγος,
παίσας κάρα 'θώυξεν· ἐν δ› ἐρειπίοις
νεκρῶν ἐρειφθεὶς ἕζετ› ἀρνείου φόνου,
κόμην ἀπρὶξ ὄνυξι συλλαβὼν χερί.
καὶ τὸν μὲν ἧστο πλεῖστον ἄφθογγος χρόνον·
ἔπειτ› ἐμοὶ τὰ δείν› ἐπηπείλησ› ἔπη,
εἰ μὴ φανοίην πᾶν τὸ συντυχὸν πάθος.
[κἀνήρετ' ἐν τῷ πράγματος κυροῖ ποτε.]
κἀγώ, φίλοι, δείσασα τοὐξειργασμένον
ἔλεξα πᾶν ὅσονπερ ἐξηπιστάμην.
ὁ δ› εὐθὺς ἐξῴμωξεν οἰμωγὰς λυγράς,
ἃς οὔποτ› αὐτοῦ πρόσθεν εἰσήκουσ› ἐγώ.
πρὸς γὰρ κακοῦ τε καὶ βαρυψύχου γόους
τοιούσδ› ἀεί ποτ› ἀνδρὸς ἐξηγεῖτ› ἔχειν·
ἀλλ› ἀψόφητος ὀξέων κωκυμάτων
ὑπεστέναζε ταῦρος ὣς βρυχώμενος.
νῦν δ› ἐν τοιᾷδε κείμενος κακῇ τύχῃ
ἄσιτος ἀνήρ, ἄποτος, ἐν μέσοις βοτοῖς
σιδηροκμῆσιν ἥσυχος θακεῖ πεσών,
καὶ δῆλός ἐστιν ὥς τι δρασείων κακόν.
[τοιαῦτα γάρ πως καὶ λέγει κὠδύρεται.]
ἀλλ›, ὦ φίλοι, τούτων γὰρ οὕνεκ› ἐστάλην,
ἀρήξατ› εἰσελθόντες, εἰ δύνασθέ τι.
φίλων γὰρ οἱ τοιοίδε νικῶνται λόγοις.

ΧΟΡΟΣ

Τέκμησσα, δεινοῖς, παῖ Τελεύταντος, λέγεις
ἡμῖν τὸν ἄνδρα διαπεφοιβάσθαι κακοῖς.

fala invectivas contra os Atridas
e sobre Odisseu, com muito riso
quanto puniu ultraje nessa ronda.
Depois de novo entrou em casa
e com o tempo a custo fica lúcido.
Ao ver a casa cheia de destroços,
bate na testa e grita; entre restos
de carneiros mortos caído senta
e agarra os cabelos com as mãos.
Por longo tempo ficou sem fala,
depois me fez terríveis ameaças
se não lhe revelasse o caso todo
e perguntou qual era a situação.
Eu intimidada, amigos, contei
quanto sabia de tudo que ele fez.
Logo gemeu lúgubres gemidos
que antes não ouvi dele jamais.
Sempre avaliou tais gemidos
próprios de varão vil pesaroso.
Mas sem ruído de aguda lamúria
gemia surdo qual touro mugindo.
Agora ele jaz em sorte tão má
sentado caído sem pão nem água
quieto entre reses mortas à faca,
é claro que intentando algo mau.
Desse modo talvez fale e chore.
Vamos, amigos, por isso vim,
entrai e valei, se estais podendo.
Amigos convencem tais varões.

CORO

Tecmessa, filha de Teleutas, dizes
o varão turvado por terríveis males.

ΑΙΑΣ

ἰώ μοί μοι.

ΤΕΚΜΗΣΣΑ

τάχ᾽, ὡς ἔοικε, μᾶλλον· ἢ οὐκ ἠκούσατε
Αἴαντος οἵαν τήνδε θωΰσσει βοήν;

ΑΙΑΣ

ἰώ μοί μοι.

ΧΟΡΟΣ

ἀνὴρ ἔοικεν ἢ νοσεῖν, ἢ τοῖς πάλαι
νοσήμασι ξυνοῦσι λυπεῖσθαι παρών.

ΑΙΑΣ

ἰὼ παῖ παῖ.

ΤΕΚΜΗΣΣΑ

ὤμοι τάλαιν᾽· Εὐρύσακες, ἀμφὶ σοὶ βοᾷ.
τί ποτε μενοινᾷ; ποῦ ποτ᾽ εἶ; τάλαιν᾽ ἐγώ.

ΑΙΑΣ

Τεῦκρον καλῶ. ποῦ Τεῦκρος; ἢ τὸν εἰσαεὶ
λεηλατήσει χρόνον, ἐγὼ δ᾽ ἀπόλλυμαι;

ΧΟΡΟΣ

ἀνὴρ φρονεῖν ἔοικεν. ἀλλ᾽ ἀνοίγετε.
τάχ᾽ ἄν τιν᾽ αἰδῶ κἀπ᾽ ἐμοὶ βλέψας λάβοι.

ΤΕΚΜΗΣΣΑ

ἰδού, διοίγω· προσβλέπειν δ᾽ ἔξεστί σοι
τὰ τοῦδε πράγη, καὐτὸς ὡς ἔχων κυρεῖ.

ÁJAX

Ió moi moi.

TECMESSA

Ao que parece, logo será pior, ou
não ouviste que grito Ájax bramiu?

ÁJAX

Ió moi moi.

CORO

O varão parece perturbado ou aflito
no convívio com o anterior distúrbio.

ÁJAX

Ió filho, filho!

TECMESSA

Ómoi, mísera! Eurísaces, grita por ti.
O que quer? Onde estás? Ai de mim!

ÁJAX

Clamo Teucro. Onde está Teucro? Ou
sempre estará em pilhagem e eu pereço?

CORO

O varão parece lúcido. Abre as portas!
Talvez comigo se me vir tenha pudor.

TECMESSA

Vê, eu as abri: agora tu podes avistar
os seus atos e como ele mesmo está.

ΑΙΑΣ

{STR.} ἰώ
φίλοι ναυβάται, μόνοι ἐμῶν φίλων
μόνοι ἔτ› ἐμμένοντες ὀρθῷ νόμῳ,
ἴδεσθέ μ› οἷον ἄρτι κῦ-
μα φοινίας ὑπὸ ζάλης
ἀμφίδρομον κυκλεῖται.

ΧΟΡΟΣ

οἴμ› ὡς ἔοικας ὀρθὰ μαρτυρεῖν ἄγαν.
δηλοῖ δὲ τοὔργον ὡς ἀφροντίστως ἔχει.

ΑΙΑΣ

{ANT. 1} ἰώ
γένος ναΐας ἀρωγὸν τέχνας,
ἅλιον ὃς ἐπέβας ἑλίσσων πλάταν,
σέ τοι σέ τοι μόνον δέδορ-
κα ποιμένων ἐπαρκέσοντ›.
ἀλλά με συνδάιξον.

ΧΟΡΟΣ

εὔφημα φώνει· μὴ κακὸν κακῷ διδοὺς
ἄκος πλέον τὸ πῆμα τῆς ἄτης τίθει.

ΑΙΑΣ

{STR. 2} ὁρᾷς τὸν θρασύν, τὸν εὐκάρδιον,
τὸν ἐν δαΐοις ἄτρεστον μάχας,
ἐν ἀφόβοις με θηρσὶ δεινὸν χέρας;
οἴμοι γέλωτος· οἷον ὑβρίσθην ἄρα.

KOMMÓS (348-429)

ÁJAX

EST. 1 *Ió!*
Amigos marujos, únicos amigos meus,
únicos que ainda estais com a reta lei,
vedes que onda de sangrenta tormenta
agora à minha volta circula?

CORO

Oímoi, que testemunha reta te vejo!
O feito mostra que ele está demente.

ÁJAX

ANT. 1 *Ió!*
Gente servidora da arte naval,
nauta que volvias remo salino,
só a ti, só a ti entre os pastores
contemplo para me defender,
eia, mata-me tu agora mesmo!

CORO

Diz boa fala! De mal em mal
não aumentes a dor da erronia!

ÁJAX

EST. 2 Vês-me audaz de coração valente
entre inimigos destemido na batalha
e terrificante entre impávidas feras?
Oímoi, irrisão! Como fui ultrajado!

ΤΕΚΜΗΣΣΑ

μή, δέσποτ› Αἴας, λίσσομαί σ›, αὔδα τάδε.

ΑΙΑΣ

οὐκ ἐκτός; οὐκ ἄψορρον ἐκνεμῇ πόδα;
αἰαῖ αἰαῖ.

ΤΕΚΜΗΣΣΑ

ὦ πρὸς θεῶν ὕπεικε καὶ φρόνησον εὖ.

ΑΙΑΣ

ὢ δύσμορος, ὃς χεροῖν
μεθῆκα τοὺς ἀλάστορας,
ἐν δ› ἑλίκεσσι βουσὶ καὶ
κλυτοῖς πεσὼν αἰπολίοις
ἐρεμνὸν αἷμ› ἔδευσα.

ΧΟΡΟΣ

τί δῆτ› ἂν ἀλγοίης ἐπ› ἐξειργασμένοις;
οὐ γὰρ γένοιτ› ἂν ταῦθ› ὅπως οὐχ ὧδ› ἔχοι.

ΑΙΑΣ

{ΑΝΤ. 2} *ἰὼ πάνθ› ὁρῶν, ἅπαντ› ἀίων,*
κακῶν ὄργανον, τέκνον Λαρτίου,
κακοπινέστατόν τ› ἄλημα στρατοῦ,
ἦ που πολὺν γέλωθ› ὑφ› ἡδονῆς ἄγεις.

ΧΟΡΟΣ

ξὺν τῷ θεῷ πᾶς καὶ γελᾷ κὠδύρεται.

ΑΙΑΣ

ἴδοιμι δή νιν, καίπερ ὧδ› ἀτώμενος –

TECMESSA

Senhor Ájax, peço-te, não o digas!

ÁJAX

Fora daqui! Não te vais para trás?
Aiaî aiaî!

TECMESSA

Oh, por Deuses, cede e pensa bem!

ÁJAX

Ó má sorte minha, que das mãos
deixei escapar os imperdoáveis
e ao atacar os curvicórnios bois
e o buliçoso rebanho caprino
derramei o sombrio sangue.

CORO

Por que te condoerias do fato?
Isso não seria tal qual não é.

ÁJAX

ANT.2 *Ió*, tu que tudo vês, tudo ouves,
instrumento de males Laertíada,
o mais sórdido finório da tropa,
talvez dês muita risada de prazer.

CORO

Por Deus, riso e choro todos têm.

ÁJAX

Ainda que arruinado, eu o veria...

ἰώ μοί μοι.

ΧΟΡΟΣ

μηδὲν μέγ› εἴπῃς· οὐχ ὁρᾷς ἵν› εἶ κακοῦ;

ΑΙΑΣ

ὦ Ζεῦ προγόνων πάτερ,
πῶς ἂν τὸν αἱμυλώτατον,
ἐχθρὸν ἄλημα, τούς τε δισσ-
άρχας ὀλέσσας βασιλῆς,
τέλος θάνοιμι καὐτός;

ΤΕΚΜΗΣΣΑ

ὅταν κατεύχῃ ταῦθ›, ὁμοῦ κἀμοὶ θανεῖν
εὔχου· τί γὰρ δεῖ ζῆν με σοῦ τεθνηκότος;

ΑΙΑΣ

{STR. 3} ἰὼ
σκότος, ἐμὸν φάος,
ἔρεβος ὦ φαεννότατον, ὡς ἐμοί,
ἕλεσθ› ἕλεσθέ μ› οἰκήτορα,
ἕλεσθέ μ›· οὔτε γὰρ θεῶν γένος
οὔθ› ἁμερίων ἔτ› ἄξιος
βλέπειν τιν› εἰς ὄνησιν ἀνθρώπων.
ἀλλά μ› ἁ Διός
ἀλκίμα θεὸς
ὀλέθριον αἰκίζει.
ποῖ τις οὖν φύγῃ;
ποῖ μολὼν μενῶ;
εἰ τὰ μὲν φθίνει,
<– U –> φίλοι
τοῖσδ' ὁμοῦ πέλας,
μώραις δ› ἄγραις προσκείμεθα,

Ió moi moi.

CORO

Não ufanes! Não vês onde estás?

ÁJAX

Ó Zeus, pai dos prógonos,
que após ter matado
o astuto hostil finório
e os duplicados reis
enfim morra eu mesmo!

TECMESSA

Se pedes isso, pede morrer junto
comigo! Por que viver, se morres?

ÁJAX

EST. 3 *Ió!*
Trevas, minha luz,
Érebo, ó brilhantíssimo para mim,
leva, leva-me a te habitar,
leva-me! Nem ao ser dos Deuses
nem ao dos efêmeros humanos
devo olhar por algum proveito.
A filha de Zeus
Deusa valente
letal me fere.
Onde fugir?
Onde ficar?
Se este é o fim
junto com isto,
ó caros amigos,
a caça me foi vã,

πᾶς δὲ στρατὸς δίπαλτος ἄν
με χειρὶ φονεύοι.

ΤΕΚΜΗΣΣΑ

ὢ δυστάλαινα, τοιάδ› ἄνδρα χρήσιμον
φωνεῖν, ἃ πρόσθεν οὗτος οὐκ ἔτλη ποτ› ἄν.

ΑΙΑΣ

{ΑΝΤ. 3} *ἰὼ*
πόροι ἁλίρροθοι
πάραλά τ› ἄντρα καὶ νέμος ἐπάκτιον,
πολὺν πολύν με δαρόν τε δὴ
κατείχετ› ἀμφὶ Τροίαν χρόνον·
ἀλλ› οὐκέτι μ›, οὐκέτ› ἀμπνοὰς
ἔχοντα· τοῦτό τις φρονῶν ἴστω.
ὦ Σκαμάνδριοι
γείτονες ῥοαί
κακόφρονες Ἀργείοις,
οὐκέτ› ἄνδρα μὴ
τόνδ› ἴδητ› – ἔπος
ἐξερῶ μέγα –
οἷον οὔτινα
Τρωία στρατοῦ
δέρχθη χθονὸς μολόντ› ἀπὸ
Ἑλλανίδος· τανῦν δ› ἄτι-
μος ὧδε πρόκειμαι.

ΧΟΡΟΣ

οὔτοι σ› ἀπείργειν, οὐδ› ὅπως ἐῶ λέγειν
ἔχω, κακοῖς τοιοῖσδε συμπεπτωκότα.

a tropa toda, armadas
as mãos, me mataria.

TECMESSA

Oh mísera, falar o varão digno
como antes nunca teria ousado!

ÁJAX

ANT. 3 *Ió!*
Caminhos undíssonos,
grutas marinhas, pasto praiano,
longamente, longamente
me retivestes junto a Troia,
mas não mais, não mais em
vida. Saiba disso quem pensa!
Ó vizinhas correntezas
do Escamandro
malévolas aos argivos,
não mais vereis
este varão – direi
palavra soberba –
tal qual não viu
Troia na tropa
vinda de país grego,
tão desonrado jazo.

CORO

Não te posso proibir nem deixar
falar ao teres caído em tais males.

ΑΙΑΣ

αἰαῖ· τίς ἄν ποτ᾽ ᾤεθ᾽ ὧδ᾽ ἐπώνυμον
τοὐμὸν ξυνοίσειν ὄνομα τοῖς ἐμοῖς κακοῖς;
νῦν γὰρ πάρεστι καὶ δὶς αἰάζειν ἐμοί,
[καὶ τρίς· τοιούτοις γὰρ κακοῖς ἐντυγχάνω·]
ὅτου πατὴρ μὲν τῆσδ᾽ ἀπ᾽ Ἰδαίας χθονὸς
τὰ πρῶτα καλλιστεῖ᾽ ἀριστεύσας στρατοῦ
πρὸς οἶκον ἦλθε πᾶσαν εὔκλειαν φέρων·
ἐγὼ δ᾽ ὁ κείνου παῖς, τὸν αὐτὸν ἐς τόπον
Τροίας ἐπελθὼν οὐκ ἐλάσσονι σθένει,
οὐδ᾽ ἔργα μείω χειρὸς ἀρκέσας ἐμῆς,
ἄτιμος Ἀργείοισιν ὧδ᾽ ἀπόλλυμαι.
καίτοι τοσοῦτόν γ᾽ ἐξεπίστασθαι δοκῶ,
εἰ ζῶν Ἀχιλλεὺς τῶν ὅπλων τῶν ὧν πέρι
κρίνειν ἔμελλε κράτος ἀριστείας τινί,
οὐκ ἄν τις αὔτ᾽ ἔμαρψεν ἄλλος ἀντ᾽ ἐμοῦ.
νῦν δ᾽ αὔτ᾽ Ἀτρεῖδαι φωτὶ παντουργῷ φρένας
ἔπραξαν, ἀνδρὸς τοῦδ᾽ ἀπώσαντες κράτη.
κεἰ μὴ τόδ᾽ ὄμμα καὶ φρένες διάστροφοι
γνώμης ἀπῇξαν τῆς ἐμῆς, οὐκ ἄν ποτε
δίκην κατ᾽ ἄλλου φωτὸς ὧδ᾽ ἐψήφισαν.
νῦν δ᾽ ἡ Διὸς γοργῶπις ἀδάματος θεὰ
ἤδη μ᾽ ἐπ᾽ αὐτοῖς χεῖρ᾽ ἐπευθύνοντ᾽ ἐμὴν
ἔσφηλεν ἐμβαλοῦσα λυσσώδη νόσον,
ὥστ᾽ ἐν τοιοῖσδε χεῖρας αἱμάξαι βοτοῖς·
κεῖνοι δ᾽ ἐπεγγελῶσιν ἐκπεφευγότες,
ἐμοῦ μὲν οὐχ ἑκόντος· εἰ δέ τις θεῶν
βλάπτοι, φύγοι τἂν χὡ κακὸς τὸν κρείσσονα.
καὶ νῦν τί χρὴ δρᾶν; ὅστις ἐμφανῶς θεοῖς

PRIMEIRO EPISÓDIO: CONTINUAÇÃO (430-595)

ÁJAX

Aiaî! Quem suporia que tão epônimo
meu nome condiria com meus males?
Agora estou podendo bisar meus ais
e até triplicá-los, em tais males estou.
O meu pai, daqui desta região de Ida,
ganhou os primeiros prêmios da tropa
e voltou para casa com toda a glória.
Eu, o filho dele, ao mesmo lugar
de Troia vim com não menor força
e fiz com a mão não menores feitos,
pereço tão desonrado entre argivos.
Suponho todavia que bem sei que
se Aquiles vivo no juízo das armas
decidisse a quem daria o supremo
prêmio, ninguém o teria senão eu.
Mas deveras os Atridas o cederam
ao perverso, tirando-o deste varão.
Se esta vista e tino distorcidos não
saíssem de meu saber, nunca mais
votariam tal justiça contra outrem.
Mas filha de Zeus indômita Deusa
górgonea, quando os tive nas mãos,
frustrou-me com o furioso distúrbio
de ter nas mãos sangue deste gado.
Eles escaparam de mim e se riem,
a malgrado meu. Se um dos Deuses
barra, até vil escaparia ao melhor.
E agora, que fazer? Claro me odeiam

ἐχθαίρομαι, μισεῖ δέ μ› Ἑλλήνων στρατός,
ἔχθει δὲ Τροία πᾶσα καὶ πεδία τάδε.
πότερα πρὸς οἴκους, ναυλόχους λιπὼν ἕδρας
μόνους τ› Ἀτρείδας, πέλαγος Αἰγαῖον περῶ;
καὶ ποῖον ὄμμα πατρὶ δηλώσω φανεὶς
Τελαμῶνι; πῶς με τλήσεταί ποτ› εἰσιδεῖν
γυμνὸν φανέντα τῶν ἀριστείων ἄτερ,
ὧν αὐτὸς ἔσχε στέφανον εὐκλείας μέγαν;
οὐκ ἔστι τοὔργον τλητόν. ἀλλὰ δῆτ› ἰὼν
πρὸς ἔρυμα Τρώων, ξυμπεσὼν μόνος μόνοις
καὶ δρῶν τι χρηστόν, εἶτα λοίσθιον θάνω;
ἀλλ› ὧδέ γ› Ἀτρείδας ἂν εὐφράναιμί που.
οὐκ ἔστι ταῦτα. πεῖρά τις ζητητέα
τοιάδ› ἀφ› ἧς γέροντι δηλώσω πατρὶ
μή τοι φύσιν γ› ἄσπλαγχνος ἐκ κείνου γεγώς.
αἰσχρὸν γὰρ ἄνδρα τοῦ μακροῦ χρῄζειν βίου,
κακοῖσιν ὅστις μηδὲν ἐξαλλάσσεται.
τί γὰρ παρ› ἦμαρ ἡμέρα τέρπειν ἔχει
προσθεῖσα κἀναθεῖσα πλὴν τοῦ κατθανεῖν;
οὐκ ἂν πριαίμην οὐδενὸς λόγου βροτὸν
ὅστις κεναῖσιν ἐλπίσιν θερμαίνεται.
ἀλλ› ἢ καλῶς ζῆν ἢ καλῶς τεθνηκέναι
τὸν εὐγενῆ χρή. πάντ› ἀκήκοας λόγον.

ΧΟΡΟΣ

οὐδεὶς ἐρεῖ ποθ› ὡς ὑπόβλητον λόγον,
Αἴας, ἔλεξας, ἀλλὰ τῆς σαυτοῦ φρενός.
παῦσαί γε μέντοι καὶ δὸς ἀνδράσιν φίλοις
γνώμης κρατῆσαι τάσδε φροντίδας μεθείς.

ΤΕΚΜΗΣΣΑ

ὦ δέσποτ› Αἴας, τῆς ἀναγκαίας τύχης
οὐκ ἔστιν οὐδὲν μεῖζον ἀνθρώποις κακόν.

os Deuses, odeia-me a tropa grega,
odeiam-me Troia toda e a planície.
Regressando deixo o ancoradouro
e Atridas sós e cruzo o Mar Egeu?
Com que cara me mostrarei ao pai
Têlamon? Como me suportará ver
aparecer nu sem o prêmio supremo
se ele teve grande coroa de glória?
Insuportável ato. Ora, se eu fosse ao
muro troiano, atacasse a sós os sós,
fizesse algo nobre e enfim morresse?
Mas talvez isso alegrasse os Atridas.
Não é assim. Devo tentar todo meio
de mostrar ao meu velho pai que eu
seu filho não nasci sem a índole sua.
É vil o varão almejar por longa vida,
se não mudará nada nos seus males.
Qual o prazer de um dia após outro
estar ora perto ora longe da morte?
Nenhum valor eu daria ao mortal
que se aqueça com vãs esperanças,
mas bem viver ou bem morrer deve
o bem-nascido. Ouviste a fala toda.

CORO

Ninguém dirá que proferiste palavra
falsa, Ájax, mas de tua própria alma.
Cessa, porém, e dá aos teus amigos
pensar por ti e despede os cuidados.

TECMESSA

Senhor Ájax, os homens não têm
maior mal que a sorte coercitiva.

ἐγὼ δ› ἐλευθέρου μὲν ἐξέφυν πατρός,
εἴπερ τινὸς σθένοντος ἐν πλούτῳ Φρυγῶν·
νῦν δ› εἰμὶ δούλη. θεοῖς γὰρ ὧδ› ἔδοξέ που
καὶ σῇ μάλιστα χειρί. τοιγαροῦν, ἐπεὶ
τὸ σὸν λέχος ξυνῆλθον, εὖ φρονῶ τὰ σά,
καί σ› ἀντιάζω πρός τ› ἐφεστίου Διὸς
εὐνῆς τε τῆς σῆς, ᾗ συνηλλάχθης ἐμοί,
μή μ› ἀξιώσῃς βάξιν ἀλγεινὴν λαβεῖν
τῶν σῶν ὑπ› ἐχθρῶν, χειρίαν ἐφείς τινι.
ᾗ γὰρ θάνῃς σὺ καὶ τελευτήσας ἀφῇς,
ταύτῃ νόμιζε κἀμὲ τῇ τόθ› ἡμέρᾳ
βίᾳ ξυναρπασθεῖσαν Ἀργείων ὕπο
ξὺν παιδὶ τῷ σῷ δουλίαν ἕξειν τροφήν.
καί τις πικρὸν πρόσφθεγμα δεσποτῶν ἐρεῖ
λόγοις ἰάπτων, «ἴδετε τὴν ὁμευνέτιν
Αἴαντος, ὃς μέγιστον ἴσχυσε στρατοῦ,
οἵας λατρείας ἀνθ› ὅσου ζήλου τρέφει».
τοιαῦτ› ἐρεῖ τις· κἀμὲ μὲν δαίμων ἐλᾷ,
σοὶ δ› αἰσχρὰ τἄπη ταῦτα καὶ τῷ σῷ γένει.
ἀλλ› αἴδεσαι μὲν πατέρα τὸν σὸν ἐν λυγρῷ
γήρᾳ προλείπων, αἴδεσαι δὲ μητέρα
πολλῶν ἐτῶν κληροῦχον, ἥ σε πολλάκις
θεοῖς ἀρᾶται ζῶντα πρὸς δόμους μολεῖν·
οἴκτιρε δ›, ὦναξ, παῖδα τὸν σόν, εἰ νέας
τροφῆς στερηθεὶς σοῦ διοίσεται μόνος
ὑπ› ὀρφανιστῶν μὴ φίλων, ὅσον κακὸν
κείνῳ τε κἀμοὶ τοῦθ›, ὅταν θάνῃς, νεμεῖς.
ἐμοὶ γὰρ οὐκέτ› ἔστιν εἰς ὅ τι βλέπω
πλὴν σοῦ. σὺ γάρ μοι πατρίδ› ᾔστωσας δορί,
καὶ μητέρ› ἄλλη μοῖρα τὸν φύσαντά τε
καθεῖλεν Ἅιδου θανασίμους οἰκήτορας.
τίς δῆτ› ἐμοὶ γένοιτ› ἂν ἀντὶ σοῦ πατρίς;
τίς πλοῦτος; ἐν σοὶ πᾶσ› ἔγωγε σῴζομαι.

Eu nasci dum pai livre e poderoso
pela opulência, se o é algum frígio,
agora sou serva. Assim decidiram
os Deuses e certamente teu braço.
Ao vir ao teu leito, quero-te bem
e peço-te, por Zeus lareiro e por
teu tálamo em que te uniste a mim,
não consintas que me invectivem
hostis a ti ao me legares a outrem.
Se um dia te vais e indo me deixas,
considera que nesse dia eu também
capturada à força por argivos terei
junto com teu filho sustento servil.
Um dos donos dirá amargo apodo,
atirando falas: "Vede a concubina
de Ájax, que foi o maior da tropa,
que serviço em vez de inveja nutre!"
Assim se dirá; banir-me-á o Nume,
e falas te darão vexame e aos teus.
Peja-te de faltar ao teu pai na lúgubre
velhice, peja-te de faltar a tua mãe
dona de muitos anos a orar muito
aos Deuses que voltes vivo ao lar.
Apieda-te de teu filho, Senhor, se
jovem carente levará a vida a sós
sob tutores hostis, que mal é esse
que farás a ele e a mim, se te vais?
Não tenho mais a que me voltar
senão a ti, pois tomaste-me a pátria,
e outro fado me pilhou mãe e pai
mortos moradores da casa de Hades.
Que pátria eu teria em vez de ti?
Que bens? Em ti estou toda salva.

ἀλλ› ἴσχε κἀμοῦ μνῆστιν· ἀνδρί τοι χρεὼν
μνήμην προσεῖναι, τερπνὸν εἴ τί που πάθοι.
χάρις χάριν γάρ ἐστιν ἡ τίκτουσ› ἀεί·
ὅτου δ› ἀπορρεῖ μνῆστις εὖ πεπονθότος,
οὐκ ἂν γένοιτ› ἔθ› οὗτος εὐγενὴς ἀνήρ.

ΧΟΡΟΣ

Αἴας, ἔχειν σ› ἂν οἶκτον ὡς κἀγὼ φρενὶ
θέλοιμ› ἄν· αἰνοίης γὰρ ἂν τὰ τῆσδ› ἔπη.

ΑΙΑΣ

καὶ κάρτ› ἐπαίνου τεύξεται πρὸς γοῦν ἐμοῦ,
ἐὰν μόνον τὸ ταχθὲν εὖ τολμᾷ τελεῖν.

ΤΕΚΜΗΣΣΑ

ἀλλ›, ὦ φίλ› Αἴας, πάντ› ἔγωγε πείσομαι.

ΑΙΑΣ

κόμιζέ νύν μοι παῖδα τὸν ἐμόν, ὡς ἴδω.

ΤΕΚΜΗΣΣΑ

καὶ μὴν φόβοισί γ› αὐτὸν ἐξελυσάμην.

ΑΙΑΣ

ἐν τοῖσδε τοῖς κακοῖσιν, ἢ τί μοι λέγεις;

ΤΕΚΜΗΣΣΑ

μὴ σοί γέ που δύστηνος ἀντήσας θάνοι.

ΑΙΑΣ

πρέπον γέ τἂν ἦν· δαίμονος τοὐμοῦ τόδε.

Tem lembrança minha! Ao varão
cabe ter lembrança se teve prazer.
Sempre é genitora da graça a graça.
Quem suprime prazerosa lembrança
não seria ainda bem-nascido varão.

CORO

Ájax, gostaria que tivesses piedade
qual tenho, pois aprovarias sua fala.

ÁJAX

Muito louvor obterá de mim, se for
só capaz de bem cumprir o encargo.

TECMESSA

Meu caro Ájax, em tudo serei dócil.

ÁJAX

Traz-me pois meu filho para eu ver.

TECMESSA

Deveras por pavor eu o despedi.

ÁJAX

Nestes males, ou de que me falas?

TECMESSA

Não fosse te encontrar e morrer.

ÁJAX

Isso teria a marca de meu Nume.

ΤΕΚΜΗΣΣΑ

ἀλλ› οὖν ἐγὼ ‹φύλαξα τοῦτό γ› ἀρκέσαι.

ΑΙΑΣ

ἐπήνεσ› ἔργον καὶ πρόνοιαν ἣν ἔθου.

ΤΕΚΜΗΣΣΑ

τί δῆτ› ἂν ὡς ἐκ τῶνδ› ἂν ὠφελοῖμί σε;

ΑΙΑΣ

δός μοι προσειπεῖν αὐτὸν ἐμφανῆ τ› ἰδεῖν.

ΤΕΚΜΗΣΣΑ

καὶ μὴν πέλας γε προσπόλοις φυλάσσεται.

ΑΙΑΣ

τί δῆτα μέλλει μὴ οὐ παρουσίαν ἔχειν;

ΤΕΚΜΗΣΣΑ

ὦ παῖ, πατὴρ καλεῖ σε. δεῦρο προσπόλων
ἄγ› αὐτὸν ὅσπερ χερσὶν εὐθύνων κυρεῖς.

ΑΙΑΣ

ἕρποντι φωνεῖς, ἢ λελειμμένῳ λόγου;

ΤΕΚΜΗΣΣΑ

καὶ δὴ κομίζει προσπόλων ὅδ› ἐγγύθεν.

ΑΙΑΣ

αἶρ› αὐτόν, αἶρε δεῦρο· ταρβήσει γὰρ οὔ,
νεοσφαγῆ τοῦτόν γε προσλεύσσων φόνον,
εἴπερ δικαίως ἔστ› ἐμὸς τὰ πατρόθεν.

TECMESSA

Mas precavi-me prevenindo isso.

ÁJAX

Aprovo teu ato e tua providência.

TECMESSA

Como te ajudaria nesta situação?

ÁJAX

Deixa-me vê-lo e falar com ele.

TECMESSA

Deveras perto servos o guardam.

ÁJAX

Por que demora que esteja aqui?

TECMESSA

Ó filho, o pai te chama. Vem, trá-lo
cá o servo que o conduz pela mão!

ÁJAX

Chamas quem vem ou surdo à ordem?

TECMESSA

Eis perto vem o servente que o traz.

ÁJAX

Ergue-o, ergue-o cá! Não terá medo
de olhar a recém-degolada matança
se justamente é minha a paternidade.

ἀλλ› αὐτίκ› ὠμοῖς αὐτὸν ἐν νόμοις πατρὸς
δεῖ πωλοδαμνεῖν κἀξομοιοῦσθαι φύσιν.
ὦ παῖ, γένοιο πατρὸς εὐτυχέστερος,
τὰ δ› ἄλλ› ὁμοῖος· καὶ γένοι› ἂν οὐ κακός.
καίτοι σε καὶ νῦν τοῦτό γε ζηλοῦν ἔχω,
ὁθούνεκ› οὐδὲν τῶνδ› ἐπαισθάνῃ κακῶν.
ἐν τῷ φρονεῖν γὰρ μηδὲν ἥδιστος βίος,
ἕως τὸ χαίρειν καὶ τὸ λυπεῖσθαι μάθῃς.
ὅταν δ› ἵκῃ πρὸς τοῦτο, δεῖ σ› ὅπως πατρὸς
δείξεις ἐν ἐχθροῖς οἷος ἐξ οἵου ‹τράφης.
τέως δὲ κούφοις πνεύμασιν βόσκου, νέαν
ψυχὴν ἀτάλλων, μητρὶ τῇδε χαρμονήν.
οὔτοι σ› Ἀχαιῶν, οἶδα, μή τις ὑβρίσῃ
στυγναῖσι λώβαις, οὐδὲ χωρὶς ὄντ› ἐμοῦ.
τοῖον πυλωρὸν φύλακα Τεῦκρον ἀμφί σοι
λείψω τροφῆς ἄοκνον ἔμπα κεἰ τανῦν
τηλωπὸς οἰχνεῖ, δυσμενῶν θήραν ἔχων.
ἀλλ›, ἄνδρες ἀσπιστῆρες, ἐνάλιος λεώς,
ὑμῖν τε κοινὴν τήνδ› ἐπισκήπτω χάριν,
κείνῳ τ› ἐμὴν ἀγγείλατ› ἐντολήν, ὅπως
τὸν παῖδα τόνδε πρὸς δόμους ἐμοὺς ἄγων
Τελαμῶνι δείξει μητρί τ›, Ἐριβοίᾳ λέγω,
ὥς σφιν γένηται γηροβοσκὸς εἰσαεί,
[μέχρις οὗ μυχοὺς κίχωσι τοῦ κάτω θεοῦ,]
καὶ τἀμὰ τεύχη μήτ› ἀγωνάρχαι τινὲς
θήσουσ› Ἀχαιοῖς μήθ› ὁ λυμεὼν ἐμός.
[WEST] Σισύφου γόνος οἴσει, τὸ παιπάλημα,
ἀλλ› αὐτό μοι σύ, παῖ, λαβὼν τοὐπώνυμον,
Εὐρύσακες, ἴσχε διὰ πολυρράφου στρέφων
πόρπακος ἑπτάβοιον ἄρρηκτον σάκος·
τὰ δ› ἄλλα τεύχη κοίν› ἐμοὶ τεθάψεται.
ἀλλ› ὡς τάχος τὸν παῖδα τόνδ› ἤδη δέχου,
καὶ δῶμα πάκτου, μηδ› ἐπισκήνους γόους

Já nos costumes crus do pai se deve
domar o potro e assimilar a natureza.
Filho, tenhas melhor sorte que o pai,
no mais, semelhante, e não serias vil.
Todavia, ainda agora posso invejar
que não sabes de nenhum dos males.
Não saber nada é a mais doce vida
até que aprendas a alegria e a dor.
Ao chegares lá, aos inimigos hás
de mostrar quem e de qual pai és.
Por ora, nutre de leve brisa a vida
nova a brincar, regozijo desta mãe.
Nenhum aqueu, eu sei, te ultrajará
com odioso labéu, nem se sem mim.
Tal guardião à tua porta deixarei,
Teucro, tutor resoluto, ainda que hoje
longe se ausente à caça de inimigos.
Ó varões escudeiros, gente do mar,
incumbo-vos desta graça comum:
anuncia-lhe minha ordem de que
conduza meu filho a minha casa
e o dê a Têlamon e à mãe Eribeia
para lhes apoiar sempre a velhice
[até irem ao recesso do Deus ínfero].
Minhas armas nem juízes darão
aos argivos, nem meu malfeitor
[WEST] [finório filho de Sísifo as levará]
Tu, ó filho, toma-o epônimo teu,
Eurísaces, e pela sútil alça brande
o *escudo* irrompível de sete couros.
As outras armas eu terei na tumba.
Mas rápido recebe já este menino
e tranca a casa! Não chores diante

δάκρυε. κάρτα τοι φιλοίκτιστον γυνή.
πύκαζε θᾶσσον. οὐ πρὸς ἰατροῦ σοφοῦ
θρηνεῖν ἐπῳδὰς πρὸς τομῶντι πήματι.

ΧΟΡΟΣ

δέδοικ› ἀκούων τήνδε τὴν προθυμίαν.
οὐ γάρ μ› ἀρέσκει γλῶσσά σου τεθηγμένη.

ΤΕΚΜΗΣΣΑ

ὦ δέσποτ› Αἴας, τί ποτε δρασείεις φρενί;

ΑΙΑΣ

μὴ κρῖνε, μὴ ‹ξέταζε· σωφρονεῖν καλόν.

ΤΕΚΜΗΣΣΑ

οἴμ› ὡς ἀθυμῶ· καί σε πρὸς τοῦ σοῦ τέκνου
καὶ θεῶν ἱκνοῦμαι, μὴ προδοὺς ἡμᾶς γένῃ.

ΑΙΑΣ

ἄγαν γε λυπεῖς. οὐ κάτοισθ› ἐγὼ θεοῖς
ὡς οὐδὲν ἀρκεῖν εἰμ› ὀφειλέτης ἔτι;

ΤΕΚΜΗΣΣΑ

εὔφημα φώνει.

ΑΙΑΣ

τοῖς ἀκούουσιν λέγε.

ΤΕΚΜΗΣΣΑ

σὺ δ› οὐχὶ πείσῃ;

ΑΙΑΣ

πόλλ› ἄγαν ἤδη θροεῖς.

da tenda! Mulher se condói muito.
Fecha logo! Não é de médico hábil
entoar cantos à dor que pede corte.

CORO

Tenho medo de ouvir esse empenho,
não me agrada tua língua mordaz.

TECMESSA

Senhor Ájax, o que tens em mente?

ÁJAX

Não aches! Não testes! Sê discreta!

TECMESSA

Ai, assim receio! Perante o teu filho
e os Deuses, peço-te: não nos traias!

ÁJAX

Afliges demais. Não sabes que eu
aos Deuses não devo favores mais?

TECMESSA

Diz boa fala!

ÁJAX

Diz a quem escute!

TECMESSA

Não te persuades?

ÁJAX

Já falas demais.

ΤΕΚΜΗΣΣΑ

ταρβῶ γάρ, ὦναξ.

ΑΙΑΣ

οὐ ξυνέρξεθ› ὡς τάχος;

ΤΕΚΜΗΣΣΑ

πρὸς θεῶν, μαλάσσου.

ΑΙΑΣ

μῶρά μοι δοκεῖς φρονεῖν,
εἰ τοὐμὸν ἦθος ἄρτι παιδεύειν νοεῖς.

TECMESSA

Temo, senhor!

ÁJAX

Vós! Não fechareis?

TECMESSA

Por Deuses, calma!

ÁJAX

Pareces tola
se pensas educar agora meu caráter.

ΧΟΡΟΣ

{STR. 1} ὦ κλεινὰ Σαλαμίς, σὺ μέν που
ναίεις ἁλίπλακτος εὐδαίμων,
πᾶσιν περίφαντος αἰεί·
ἐγὼ δ’ ὁ τλάμων παλαιὸς ἀφ’ οὗ χρόνος
†Ἰδαῖα μίμνων λειμωνίᾳ ποίᾳ† μη-
νῶν ἀνήριθμος αἰὲν εὐνῶμαι
χρόνῳ τρυχόμενος,
κακὰν ἐλπίδ’ ἔχων
ἔτι μέ ποτ’ ἀνύσειν τὸν ἀπότροπον ἀΐδηλον Ἅιδαν.

{ANT. 1} καί μοι δυσθεράπευτος Αἴας
ξύνεστιν ἔφεδρος, ὤμοι μοι,
θείᾳ μανίᾳ ξύναυλος
ὃν ἐξεπέμψω πρὶν δή ποτε θουρίῳ
κρατοῦντ’ ἐν Ἄρει· νῦν δ’ αὖ φρενὸς οἰοβώ-
τας φίλοις μέγα πένθος ηὕρηται,
τὰ πρὶν δ’ ἔργα χεροῖν
μεγίστας ἀρετᾶς
ἄφιλα παρ’ ἀφίλοις ἔπεσ’ ἔπεσε μελέοις Ἀτρείδαις.

{STR. 2} ἦ που παλαιᾷ μὲν σύντροφος ἁμέρᾳ,
λευκῷ τε γήρᾳ μάτηρ νιν ὅταν νοσοῦν-
τα φρενοβόρως ἀκούσῃ,
αἴλινον αἴλινον
οὐδ’ οἰκτρᾶς γόον ὄρνιθος ἀηδοῦς
σχήσει δύσμορος, ἀλλ’ ὀξυτόνους μὲν ᾠδὰς
θρηνήσει, χερόπληκτοι δ’
ἐν στέρνοισι πεσοῦνται

PRIMEIRO ESTÁSIMO (596-645)

CORO

EST. 1 Ó ínclita Salamina, tu algures
vives litorânea de bom Nume,
sempre toda visível a todos.
Eu mísero há longo tempo
na relva dos prados ideus
meses sem conta me deito
sempre exausto pelo tempo
com má esperança de ir-me
ao execrável invisível Hades.

ANT. 1 Ainda Ájax difícil de curar
senta junto a mim, *ómoi moi*,
conviva de loucura divina.
Antes o enviaste pleno de Ares
árdego, ora ermo pastor do tino
descobre aos seus grande dor,
seus prévios feitos de suprema
virtude caíram, caíram hostis
entre os hostis míseros Atridas.

EST.2 A mãe nutrida de antigo dia
e de alva velhice ao ouvir que
ele tem letal distúrbio do tino
não conterá o lúgubre, lúgubre
pranto de rouxinol plangente,
mísera, mas entoará os cantos
agudos e os golpes de mãos
estrepitosos cairão no peito

δοῦποι καὶ πολιᾶς ἄμυγμα χαίτας.

{ΑΝΤ.2} κρείσσων γὰρ Ἅιδᾳ κεύθων ὁ νοσῶν μάταν,
ὃς εἷς πατρῴας ἥκων γενεᾶς ἄρι-
στα πολυπόνων Ἀχαιῶν,
οὐκέτι συντρόφοις
ὀργαῖς ἔμπεδος, ἀλλ› ἐκτὸς ὁμιλεῖ.
ὦ τλᾶμον πάτερ, οἵαν σε μένει πυθέσθαι
παιδὸς δύσφορον ἄταν,
ἂν οὔπω τις ἔθρεψεν
αἰὼν Αἰακιδᾶν ἄτερθε τοῦδε.

e puxões de cabelos grisalhos.

ANT. 2 Antes Hades que vã loucura.
Ele, único por seus ancestrais
exímio dos atribulados aqueus,
não mais se apoia no impulso
inato, mas vive no extravio.
Pobre pai, que difícil erronia
do filho ainda te resta ouvir
a qual nunca nenhum Eácida
senão este jamais cometeu!

ΑΙΑΣ

ἅπανθ› ὁ μακρὸς κἀναρίθμητος χρόνος
φύει τ› ἄδηλα καὶ φανέντα κρύπτεται·
κοὐκ ἔστ› ἄελπτον οὐδέν, ἀλλ› ἁλίσκεται
χὼ δεινὸς ὅρκος χαὶ περισκελεῖς φρένες.
κἀγὼ γάρ, ὃς τὰ δείν› ἐκαρτέρουν τότε,
βαφῇ σίδηρος ὥς, ἐθηλύνθην στόμα
πρὸς τῆσδε τῆς γυναικός· οἰκτίρω δέ νιν
χήραν παρ› ἐχθροῖς παῖδά τ› ὀρφανὸν λιπεῖν.
Ἀλλ› εἶμι πρός τε λουτρὰ καὶ παρακτίους
λειμῶνας, ὡς ἂν λύμαθ› ἁγνίσας ἐμὰ
μῆνιν βαρεῖαν ἐξαλύξωμαι θεᾶς·
μολών τε χῶρον ἔνθ› ἂν ἀστιβῆ κίχω
κρύψω τόδ› ἔγχος τοὐμόν, ἔχθιστον βελῶν,
γαίας ὀρύξας ἔνθα μή τις ὄψεται·
ἀλλ› αὐτὸ νὺξ Ἅιδης τε σῳζόντων κάτω.
ἐγὼ γάρ, ἐξ οὗ χειρὶ τοῦτ› ἐδεξάμην
παρ›Ἕκτορος δώρημα δυσμενεστάτου,
οὔπω τι κεδνὸν ἔσχον Ἀργείων πάρα.
ἀλλ› ἔστ› ἀληθὴς ἡ βροτῶν παροιμία,
ἐχθρῶν ἄδωρα δῶρα κοὐκ ὀνήσιμα.
τοιγὰρ τὸ λοιπὸν εἰσόμεσθα μὲν θεοῖς
εἴκειν, μαθησόμεσθα δ› Ἀτρείδας σέβειν.
ἄρχοντές εἰσιν, ὥσθ› ὑπεικτέον. τί μήν;
καὶ γὰρ τὰ δεινὰ καὶ τὰ καρτερώτατα
τιμαῖς ὑπείκει· τοῦτο μὲν νιφοστιβεῖς
χειμῶνες ἐκχωροῦσιν εὐκάρπῳ θέρει·
ἐξίσταται δὲ νυκτὸς αἰανὴς κύκλος
τῇ λευκοπώλῳ φέγγος ἡμέρᾳ φλέγειν·

SEGUNDO EPISÓDIO (646-692)

ÁJAX

Todos os segredos longo e inúmero
o tempo expõe e oculta o manifesto.
Nada é inesperado, mas o terrível
juramento e o rígido espírito cedem.
Eu, que antes qual ferro temperado
resistia terrível, afeminei a palavra
por esta mulher. Dói-me deixá-la
viúva entre inimigos e órfão o filho.
Mas vou a banhos e prados litorâneos
para que purifique a minha sujeira
e escape à pesada cólera da Deusa.
Irei aonde encontre intacto o local,
ocultarei esta espada, odiosa arma,
ao cavar a terra onde não será vista,
Noite e Hades a preservem nos ínferos!
Desde que em mãos recebi este dom
de Heitor, o meu maior inimigo, não
obtive mais nada de bom dos argivos.
Mas vero é o provérbio dos mortais:
dons de hostis não são dons nem úteis.
Doravante saberemos ceder aos Deuses
e saberemos ter reverência aos Atridas.
Eles são os reis, a eles se deve ceder.
Até os terríveis e os mais duros cedem
às honras. Assim, o inverno de níveas
sendas se retira ante o verão frutuoso;
o lúgubre círculo da Noite concede a
Dia de alvos corcéis acender o fulgor;

δεινῶν δ› ἄημα πνευμάτων ἐκοίμισε
στένοντα πόντον· ἐν δ› ὁ παγκρατὴς Ὕπνος
λύει πεδήσας, οὐδ› ἀεὶ λαβὼν ἔχει.
ἡμεῖς δὲ πῶς οὐ γνωσόμεσθα σωφρονεῖν;
ἔγωγ᾽· ἐπίσταμαι γὰρ ἀρτίως ὅτι
ὅ τ› ἐχθρὸς ἡμῖν ἐς τοσόνδ› ἐχθαρτέος,
ὡς καὶ φιλήσων αὖθις, ἔς τε τὸν φίλον
τοσαῦθ› ὑπουργῶν ὠφελεῖν βουλήσομαι,
ὡς αἰὲν οὐ μενοῦντα. τοῖς πολλοῖσι γὰρ
βροτῶν ἄπιστός ἐσθ› ἑταιρείας λιμήν.
ἀλλ› ἀμφὶ μὲν τούτοισιν εὖ σχήσει· σὺ δὲ
ἔσω θεοῖς ἐλθοῦσα διὰ τέλους, γύναι,
εὔχου τελεῖσθαι τοὐμὸν ὧν ἐρᾷ κέαρ.
ὑμεῖς θ›, ἑταῖροι, ταὐτὰ τῇδέ μοι τάδε
τιμᾶτε, Τεύκρῳ τ›, ἢν μόλῃ, σημήνατε
μέλειν μὲν ἡμῶν, εὐνοεῖν δ› ὑμῖν ἅμα·
ἐγὼ γὰρ εἶμ› ἐκεῖσ› ὅποι πορευτέον,
ὑμεῖς δ› ἃ φράζω δρᾶτε, καὶ τάχ› ἄν μ› ἴσως
πύθοισθε, κεἰ νῦν δυστυχῶ, σεσωσμένον.

o sopro de terríveis Ventos adormece
o múrmuro Mar; e o Sono onipotente
liberta sua presa e não a retém sempre.
Como não saberemos ser prudentes?
Eu saberei, pois agora aprendi que
tanto se deve odiar o nosso inimigo
quanto ainda outra vez será amigo
e ao amigo quero ser tão prestativo
quanto ele cada vez o seja. Muitos
mortais têm infiel porto de amizade.
Mas, quanto a isso, estará bem. Tu,
ó mulher, entra e pede aos Deuses
cumpram o que meu coração quer.
Vós, meus caros, tal como ela faz
honrai-me e dizei a Teucro, se vier,
que cuide de nós e vos queira bem,
pois eu irei lá aonde se tem de ir.
Fazei vós o que vos digo e talvez
agora infausto me saberíeis salvo.

ΧΟΡΟΣ

{STR.} ἔφριξ’ ἔρωτι, περιχαρὴς δ’ ἀνεπτάμαν.
ἰὼ ἰώ Πὰν Πάν,
ὦ Πὰν Πὰν ἁλίπλαγκτε, Κυλ-
λανίας χιονοκτύπου
πετραίας ἀπὸ δειράδος φάνηθ’, ὦ,
θεῶν χοροποί’ ἄναξ, ὅπως μοι
Μύσια Κνώσι’ ὀρ-
χήματ’ αὐτοδαῆ ξυνὼν ἰάψῃς.
νῦν γὰρ ἐμοὶ μέλει χορεῦσαι.
Ἰκαρίων δ’ ὑπὲρ †πελαγέων†
μολὼν ἄναξ Ἀπόλλων
ὁ Δάλιος εὔγνωστος
ἐμοὶ ξυνείη διὰ παντὸς εὔφρων.

{ANT.} ἔλυσεν αἰνὸν ἄχος ἀπ’ ὀμμάτων Ἄρης.
ἰὼ ἰώ, νῦν αὖ,
νῦν, ὦ Ζεῦ, πάρα λευκὸν εὐ-
άμερον πελάσαι φάος
θοᾶν ὠκυάλων νεῶν, ὅτ’ Αἴας
λαθίπονος πάλιν, θεῶν δ’ αὖ
πάνθυτα θέσμι’ ἐξ-
ήνυσ’ εὐνομίᾳ σέβων μεγίστᾳ.
πάνθ’ ὁ μέγας χρόνος μαραίνει·
κοὐδὲν ἀναύδητον φατίξαιμ’
ἄν, εὖτέ γ’ ἐξ ἀέλπτων
Αἴας μετανεγνώσθη
θυμῶν τ’ Ἀτρείδαις μεγάλων τε νεικέων.

SEGUNDO ESTÁSIMO (693-718)

CORO

EST. 1 Vibrei de amor, voei de júbilo.
Iò iò, Pã, Pã!
Ó Pã, Pã, mostra-te marinho
do níveo e pétreo penhasco
de Cilene, ó senhor
dos coros dos Deuses,
que comeces comigo
danças mísias cnóssias
que aprendeste contigo.
Agora me cabe dançar.
Acima do pélago icário
venha o rei Apolo délio
e seja bem reconhecido
de todo benévolo comigo!

ANT. 1 Ares afastou da vista dor terrível.
Iò iò, ó Zeus,
agora traz outra vez a luz
brilhante aos navios velozes
marítimos, quando Ájax
olvidando dores cumpriu
todos os ritos dos Deuses
reverente à máxima lei.
Tudo o grande tempo exaure.
Nada eu diria ser inaudito
já que de repente
Ájax repensou
ira e grande rixa com Atridas.

ΑΓΓΕΛΟΣ

ἄνδρες φίλοι, τὸ πρῶτον ἀγγεῖλαι θέλω,
Τεῦκρος πάρεστιν ἄρτι Μυσίων ἀπὸ
κρημνῶν· μέσον δὲ προσμολὼν στρατήγιον
κυδάζεται τοῖς πᾶσιν Ἀργείοις ὁμοῦ.
στείχοντα γὰρ πρόσωθεν αὐτὸν ἐν κύκλῳ
μαθόντες ἀμφέστησαν, εἶτ› ὀνείδεσιν
ἤρασσον ἔνθεν κἄνθεν οὔτις ἔσθ› ὃς οὔ,
τὸν τοῦ μανέντος κἀπιβουλευτοῦ στρατῷ
ξύναιμον ἀποκαλοῦντες, ὥς τ᾽ οὐκ ἀρκέσοι
τὸ μὴ οὐ πέτροισι πᾶς καταξανθεὶς θανεῖν.
ὥστ› ἐς τοσοῦτον ἦλθον ὥστε καὶ χεροῖν
κολεῶν ἐρυστὰ διεπεραιώθη ξίφη.
λήγει δ› ἔρις δραμοῦσα τοῦ προσωτάτω
ἀνδρῶν γερόντων ἐν ξυναλλαγῇ λόγου.
ἀλλ› ἡμὶν Αἴας ποῦ ‹στιν, ὡς φράσω τάδε;
τοῖς κυρίοις γὰρ πάντα χρὴ δηλοῦν λόγον.

ΧΟΡΟΣ

οὐκ ἔνδον, ἀλλὰ φροῦδος ἀρτίως, νέας
βουλὰς νέοισιν ἐγκαταζεύξας τρόποις.

ΑΓΓΕΛΟΣ

ἰοὺ ἰού.
βραδεῖαν ἡμᾶς ἆρ› ὁ τήνδε τὴν ὁδὸν
πέμπων ἔπεμψεν, ἢ ‹φάνην ἐγὼ βραδύς.

ΧΟΡΟΣ

τί δ› ἐστὶ χρείας τῆσδ› ὑπεσπανισμένον;

TERCEIRO EPISÓDIO (719-865)

MENSAGEIRO

Caros amigos, quero primeiro anunciar:
Teucro está presente, vindo dos mísios
montes. Próximo ao meio da caserna,
invectivam-no os argivos todos juntos.
Quando o veem vindo longe, cercam-no
todos ao redor, a seguir de cada lado
não há quem não ataque com insultos
dizendo-o consanguíneo do alucinado
conspirador contra a tropa e que não
evitaria morrer esmagado de pedradas.
Chegaram a ponto de terem nas mãos
as facas puxadas sacadas das bainhas.
Cessou a rixa, após chegar tão longe,
com a conciliadora fala dos anciãos.
Mas onde está Ájax para lhe contar?
Aos chefes devo fazer todo o relato.

CORO

Não está dentro, mas partiu há pouco,
ao jungir novos planos a novos modos.

MENSAGEIRO

Ioù ioú!
Tardio por este caminho me enviava
quem me enviou, ou eu surgi tardio.

CORO

O que ficou faltando a esta serventia?

ΑΓΓΕΛΟΣ

τὸν ἄνδρ› ἀπηύδα Τεῦκρος ἔνδοθεν στέγης
μὴ ‹ξω παρεῖναι, πρὶν παρὼν αὐτὸς τύχῃ.

ΧΟΡΟΣ

ἀλλ› οἴχεταί τοι, πρὸς τὸ κέρδιον τραπεὶς
γνώμης, θεοῖσιν ὡς καταλλαχθῇ χόλου.

ΑΓΓΕΛΟΣ

ταῦτ› ἐστὶ τἄπη μωρίας πολλῆς πλέα,
εἴπερ τι Κάλχας εὖ φρονῶν μαντεύεται.

ΧΟΡΟΣ

ποῖον; τί δ› εἰδὼς τοῦδε πράγματος πάρει;

ΑΓΓΕΛΟΣ

τοσοῦτον οἶδα καὶ παρὼν ἐτύγχανον.
ἐκ γὰρ συνέδρου καὶ τυραννικοῦ κύκλου
Κάλχας μεταστὰς οἶος Ἀτρειδῶν δίχα,
εἰς χεῖρα Τεύκρου δεξιὰν φιλοφρόνως
θεὶς εἶπε κἀπέσκηψε παντοίᾳ τέχνῃ
εἶρξαι κατ› ἦμαρ τοὐμφανὲς τὸ νῦν τόδε
Αἴανθ› ὑπὸ σκηναῖσι μηδ› ἀφέντ› ἐᾶν,
εἰ ζῶντ› ἐκεῖνον εἰσιδεῖν θέλοι ποτέ.
ἐλᾷ γὰρ αὐτὸν τήνδ᾽ ἔθ᾽ ἡμέραν μόνην
δίας Ἀθάνας μῆνις, ὡς ἔφη λέγων.
τὰ γὰρ περισσὰ κἀνόνητα σώματα
πίπτειν βαρείαις πρὸς θεῶν δυσπραξίαις
ἔφασχ› ὁ μάντις, ὅστις ἀνθρώπου φύσιν
βλαστὼν ἔπειτα μὴ κατ› ἄνθρωπον φρονῇ.
κεῖνος δ› ἀπ› οἴκων εὐθὺς ἐξορμώμενος
ἄνους καλῶς λέγοντος ηὑρέθη πατρός.
ὁ μὲν γὰρ αὐτὸν ἐννέπει, «τέκνον, δορὶ

MENSAGEIRO

Teucro proibiu que este varão saísse
de casa, antes de ele estar presente.

CORO

Mas partiu, tomada melhor decisão
de se reconciliar da ira com os Deuses.

MENSAGEIRO

Essa fala está cheia de muita sandice
se é que Calcas é bem pensante vate.

CORO

Como? Que sabe ele sobre esse fato?

MENSAGEIRO

Isto é o que sei, por acaso presente:
do círculo dos reis reunidos, Calcas
a sós se afasta, à parte dos Atridas,
e benévolo dando a destra a Teucro
disse e recomendou: de todo modo
durante este ora resplendente dia
reter Ájax na tenda e não o deixar
sair se um dia o quisesse ver vivo,
pois somente neste dia ainda a ira
de divina Atena o perseguiria, disse.
Os excedentes e imprestáveis caem
em graves reveses dos Deuses, disse
o vate, pois nascidos com natureza
humana não pensam como homem.
Ájax, ao partir de casa, se revelou
néscio ante o bom conselho do pai.
Este lhe disse: "Filho, quer vencer

βούλου κρατεῖν μέν, σὺν θεῷ δ› ἀεὶ κρατεῖν»·
ὁ δ› ὑψικόμπως κἀφρόνως ἠμείψατο,
«πάτερ, θεοῖς μὲν κἂν ὁ μηδὲν ὢν ὁμοῦ
κράτος κατακτήσαιτ›· ἐγὼ δὲ καὶ δίχα
κείνων πέποιθα τοῦτ› ἐπισπάσειν κλέος».
τοσόνδ› ἐκόμπει μῦθον. εἶτα δεύτερον
δίας Ἀθάνας, ἡνίκ› ὀτρύνουσά νιν
ηὐδᾶτ› ἐπ› ἐχθροῖς χεῖρα φοινίαν τρέπειν,
τότ› ἀντιφωνεῖ δεινὸν ἄρρητόν τ› ἔπος·
«ἄνασσα, τοῖς ἄλλοισιν Ἀργείων πέλας
ἵστω, καθ› ἡμᾶς δ› οὔποτ› ἐνρήξει μάχη».
τοιοῖσδέ τοι λόγοισιν ἀστεργῆ θεᾶς
ἐκτήσατ› ὀργήν, οὐ κατ› ἄνθρωπον φρονῶν.
ἀλλ› εἴπερ ἔστι τῇδε ἔθ᾽ ἡμέρᾳ, τάχ› ἂν
γενοίμεθ› αὐτοῦ σὺν θεῷ σωτήριοι.
τοσαῦθ› ὁ μάντις εἶφ›· ὁ δ› εὐθὺς ἐξ ἕδρας
πέμπει με σοὶ φέροντα τάσδ› ἐπιστολὰς
Τεῦκρος φυλάσσειν. εἰ δ› ἀπεστερήμεθα,
οὐκ ἔστιν ἁνὴρ κεῖνος, εἰ Κάλχας σοφός.

ΧΟΡΟΣ

ὦ δαΐα Τέκμησσα, δυσμόρων γένος,
ὅρα μολοῦσα τόνδ› ὁποῖ› ἔπη θροεῖ·
ξυρεῖ γὰρ ἐν χρῷ τοῦτο μὴ χαίρειν τινά.

ΤΕΚΜΗΣΣΑ

τί μ› αὖ τάλαιναν, ἀρτίως πεπαυμένην
κακῶν ἀτρύτων, ἐξ ἕδρας ἀνίστατε;

ΧΟΡΟΣ

τοῦδ› εἰσάκουε τἀνδρός, ὡς ἥκει φέρων
Αἴαντος ἡμῖν πρᾶξιν ἣν ἤλγησ› ἐγώ.

com lança, vence com Deus sempre!"
Ele altivo e demente lhe respondeu:
"Pai, junto com Deuses até o nulo
conquistaria a vitória, mas confio
que sem eles eu granjearei a glória".
Tal foi seu alarde. Logo outra vez
quando a divina Atena o exortou
voltar contra inimigos a mão letal,
deu esta terrível e nefanda resposta:
"Senhora, sê junto a outros argivos,
comigo a luta não quebrará nunca".
Com tais palavras teve implacável
ira da Deusa por não pensar como
homem, mas se ainda vive, talvez
poderíamos nós com Deus salvá-lo.
Assim falou o vate, já de seu posto
Teucro me enviou com esta ordem
para que guardes, mas se falhamos,
o varão não vive, se Calcas é sábio.

CORO

Triste Tecmessa, filha de infaustos,
vem e sabe o que este nos anuncia!
Isto rasga a pele, ninguém se alegra.

TECMESSA

Por que me tirais mísera de casa,
mal me afasto de males sem-fim?

CORO

Ouve este varão, porque nos traz
notícia de Ájax aflitiva para mim.

ΤΕΚΜΗΣΣΑ

οἴμοι, τί φής, ἄνθρωπε; μῶν ὀλώλαμεν;

ΑΓΓΕΛΟΣ

οὐκ οἶδα τὴν σὴν πρᾶξιν, Αἴαντος δ› ὅτι,
θυραῖος εἴπερ ἐστίν, οὐ θαρσῶ πέρι.

ΤΕΚΜΗΣΣΑ

καὶ μὴν θυραῖος, ὥστε μ› ὠδίνειν τί φής.

ΑΓΓΕΛΟΣ

ἐκεῖνον εἴργειν Τεῦκρος ἐξεφίεται
σκηνῆς ὕπαυλον μηδ› ἀφιέναι μόνον.

ΤΕΚΜΗΣΣΑ

ποῦ δ› ἐστὶ Τεῦκρος, κἀπὶ τῷ λέγει τάδε;

ΑΓΓΕΛΟΣ

πάρεστ› ἐκεῖνος ἄρτι· τήνδε δ› ἔξοδον
<τὴν> ὀλεθρίαν Αἴαντος ἐλπίζει φέρειν.

ΤΕΚΜΗΣΣΑ

οἴμοι τάλαινα, τοῦ ποτ› ἀνθρώπων μαθών;

ΑΓΓΕΛΟΣ

τοῦ Θεστορείου μάντεως, καθ› ἡμέραν
τὴν νῦν ὅ τούτῳ θάνατον ἢ βίον φέρει.

ΤΕΚΜΗΣΣΑ

οἴ ‹γώ, φίλοι, πρόστητ› ἀναγκαίας τύχης,
καὶ σπεύσαθ› οἱ μὲν Τεῦκρον ἐν τάχει μολεῖν,
οἱ δ› ἑσπέρους ἀγκῶνας, οἱ δ› ἀντηλίους

TECMESSA

Oímoi! Que dizes tu? Nossa ruína?

MENSAGEIRO

Não sei de ti, mas quanto a Ájax,
se ele está fora, não me encorajo.

TECMESSA

Sim, está fora, dói-me o que dizes.

MENSAGEIRO

Ordena Teucro retê-lo sob abrigo
da tenda e não o deixar sair a sós.

TECMESSA

Onde está Teucro e por que diz isso?

MENSAGEIRO

Ele já está presente, mas acredita
que seja funesta esta saída de Ájax.

TECMESSA

Oímoi, mísera! De quem soube isso?

MENSAGEIRO

Do vate Testórida, durante este dia
de hoje o qual lhe traz morte ou vida.

TECMESSA

Ai, meus caros, obstai coerciva sorte!
Apressai-vos, ide logo uns a Teucro,
outros aos vales oeste, outros a leste,

ζητεῖτ› ἰόντες τἀνδρὸς ἔξοδον κακήν.
ἔγνωκα γὰρ δὴ φωτὸς ἠπατημένη
καὶ τῆς παλαιᾶς χάριτος ἐκβεβλημένη.
οἴμοι, τί δράσω, τέκνον; οὐχ ἱδρυτέον.
ἀλλ› εἶμι κἀγὼ κεῖσ› ὅποιπερ ἂν σθένω.
χωρῶμεν, ἐγκονῶμεν, οὐχ ἕδρας ἀκμή.
[σῴζειν θέλοντας ἄνδρα γ᾽ ὃς σπεύδῃ θανεῖν.]

ΧΟΡΟΣ

χωρεῖν ἕτοιμος, κοὐ λόγῳ δείξω μόνον.
τάχος γὰρ ἔργου καὶ ποδῶν ἅμ› ἕψεται.

ΑΙΑΣ

ὁ μὲν σφαγεὺς ἕστηκεν ᾗ τομώτατος
γένοιτ› ἄν, εἴ τῳ καὶ λογίζεσθαι σχολή,
δῶρον μὲν ἀνδρὸς Ἕκτορος ξένων ἐμοὶ
μάλιστα μισηθέντος, ἐχθίστου θ› ὁρᾶν.
πέπηγε δ› ἐν γῇ πολεμίᾳ τῇ Τρῳάδι,
σιδηροβρῶτι θηγάνῃ νεηκονής·
ἔπηξα δ› αὐτὸν εὖ περιστείλας ἐγώ,
εὐνούστατον τῷδ› ἀνδρὶ διὰ τάχους θανεῖν.
οὕτω μὲν εὐσκευοῦμεν· ἐκ δὲ τῶνδέ μοι
σὺ πρῶτος, ὦ Ζεῦ, καὶ γὰρ εἰκός, ἄρκεσον.
αἰτήσομαι δέ σ› οὐ μακρὸν γέρας λαβεῖν.
πέμψον τιν› ἡμῖν ἄγγελον, κακὴν φάτιν
Τεύκρῳ φέροντα, πρῶτος ὥς με βαστάσῃ
πεπτῶτα τῷδε περὶ νεορράντῳ ξίφει,
καὶ μὴ πρὸς ἐχθρῶν του κατοπτευθεὶς πάρος
ῥιφθῶ κυσὶν πρόβλητος οἰωνοῖς θ› ἕλωρ.
τοσαῦτά σ›, ὦ Ζεῦ, προστρέπω, καλῶ δ› ἅμα
πομπαῖον Ἑρμῆν χθόνιον εὖ με κοιμίσαι,
ξὺν ἀσφαδᾴστῳ καὶ ταχεῖ πηδήματι
πλευρὰν διαρρήξαντα τῷδε φασγάνῳ.

investigai a maligna saída do varão.
Reconheço que o varão me enganou
e fui expulsa da graça que tive antes.
Oímoi, filho, que fazer? Não pareis!
Mas eu ainda irei lá onde tiver força.
Vamos, avancemos! Não cabe pausa
para salvar o varão que quer morrer.

CORO

Pronto a ir e não mostro só na palavra.
Presteza de ação e de pé seguem junto.

ÁJAX

A espada fixada como mais cortante
seria, se houvesse o ócio de calcular,
dádiva de Heitor, dos hóspedes meus
o mais odiado e o mais odioso de ver.
Fincada nesta terra de Trôade inimiga,
recém-afiada com lima voraz de ferro,
após bem cuidar do redor, eu a finquei
apta a este varão com pressa de morrer.
Estamos prontos. Assim, primeiro tu,
como convém, Zeus, presta-me auxílio!
Não grande prerrogativa te peço obter.
Envia-nos um mensageiro que leve esta
má notícia a Teucro, para que primeiro
me erga após eu cair sobre afiada faca.
Não me aviste antes um dos inimigos
nem me lance presa de cães e de aves.
Tanto te suplico, Zeus, e peço a Hermes
guia subterrâneo bem me adormecer
com um salto rápido e sem espasmo
ao romper as costelas com esta faca.

καλῶ δ› ἀρωγοὺς τὰς ἀεί τε παρθένους
ἀεί θ› ὁρώσας πάντα τὰν βροτοῖς πάθη,
σεμνὰς Ἐρινῦς τανύποδας, μαθεῖν ἐμὲ
πρὸς τῶν Ἀτρειδῶν ὡς διόλλυμαι τάλας.
[καί σφας κακοὺς κάκιστα καὶ πανωλέθρους
ξυναρπάσειαν, ὥσπερ εἰσορῶσ› ἐμὲ
αὐτοσφαγῆ πίπτοντα· τὼς αὐτοσφαγεῖς
πρὸς τῶν φιλίστων ἐκγόνων ὀλοίατο.]
ἴτ›, ὦ ταχεῖαι ποίνιμοί τ› Ἐρινύες,
γεύεσθε, μὴ φείδεσθε πανδήμου στρατοῦ.
σὺ δ›, ὦ τὸν αἰπὺν οὐρανὸν διφρηλατῶν
Ἥλιε, πατρῴαν τὴν ἐμὴν ὅταν χθόνα
ἴδῃς, ἐπισχὼν χρυσόνωτον ἡνίαν
ἄγγειλον ἄτας τὰς ἐμὰς μόρον τ› ἐμὸν
γέροντι πατρὶ τῇ τε δυστήνῳ τροφῷ.
ἦ που τάλαινα, τήνδ› ὅταν κλύῃ φάτιν,
ἥσει μέγαν κωκυτὸν ἐν πάσῃ πόλει.
ἀλλ› οὐδὲν ἔργον ταῦτα θρηνεῖσθαι μάτην·
ἀλλ› ἀρκτέον τὸ πρᾶγμα σὺν τάχει τινί.
[ὦ θάνατε, θάνατε, νῦν μ᾽ ἐπίσκεψαι μολών·
καίτοι σὲ μὲν κἀκεῖ προσαυδήσω ξυνών·
σὲ δ› ὦ φαεννῆς ἡμέρας τὸ νῦν σέλας,
καὶ τὸν διφρευτὴν Ἥλιον προσεννέπω,
πανύστατον δὴ κοὔποτ› αὖθις ὕστερον.]
ὦ φέγγος, ὦ γῆς ἱερὸν οἰκείας πέδον
Σαλαμῖνος, ὦ πατρῷον ἑστίας βάθρον,
κλειναί τ› Ἀθῆναι, καὶ τὸ σύντροφον γένος,
κρῆναί τε ποταμοί θ› οἵδε, καὶ τὰ Τρωικὰ
πεδία προσαυδῶ, χαίρετ›, ὦ τροφῆς ἐμοί·
τοῦθ› ὑμὶν Αἴας τοὔπος ὕστατον θροεῖ,
τὰ δ› ἄλλ› ἐν Ἅιδου τοῖς κάτω μυθήσομαι.

Peço às sempre virgens defensoras,
sempre vígeis das dores de mortais,
veneráveis Erínies de longas pernas,
sabei que mísero findo sob Atridas,
arrebatai-os mal, malignos e funestos,
tal como vós me vedes cair imolado
por mim mesmo, assim também eles
imolados por seus mais caros morram!
Vinde, ó velozes e punitivas Erínies,
provai toda a tropa, não os poupeis!
Tu, que guias carro por árduo céu,
ó Sol, quando vires meu solo pátrio,
retendo rédeas recobertas de ouro,
anuncia minha ruína e minha morte
ao velho pai e à malfadada nutriz.
Talvez a mísera, ao ouvir a notícia,
lance grande lamúria na urbe toda,
mas essa lamúria vã não vale nada,
mas comecemos rápido nossa tarefa.
Ó Morte, Morte, vem agora me ver!
Também lá te abordarei no convívio.
A ti, ó fulgor agora de fulgente dia,
e Sol condutor de carro vos interpelo
pela última vez e outra nunca mais.
Ó luz, ó sagrado solo da terra pátria,
Salamina, ó pátrio alicerce da lareira,
ínclita Atenas e fraterna descendência,
estas fontes e flúmenes e estas troianas
planícies invoco, salve, ó nutriz minha,
esta voz Ájax vos diz pela última vez,
as demais junto a Hades direi aos ínferos.

ΗΜΙΧΟΡΙΟΝ Α′

πόνος πόνῳ πόνον φέρει.
πᾷ πᾷ
πᾷ γὰρ οὐκ ἔβαν ἐγώ;
κοὐδεὶς ἐπίσπᾶταί με συμμαθεῖν τόπος.
ἰδοὺ ἰδού·
δοῦπον αὖ κλύω τινά.

ΗΜΙΧΟΡΙΟΝ Β′

ἡμῶν γε ναὸς κοινόπλουν ὁμιλίαν.

ΗΜΙΧΟΡΙΟΝ Α′

τί οὖν δή;

ΗΜΙΧΟΡΙΟΝ Β′

πᾶν ἐστίβηται πλευρὸν ἕσπερον νεῶν.

ΗΜΙΧΟΡΙΟΝ Α′

ἔχεις οὖν;

ΗΜΙΧΟΡΙΟΝ Β′

πόνου γε πλῆθος κοὐδὲν εἰς ὄψιν πλέον.

ΗΜΙΧΟΡΙΟΝ Α′

ἀλλ› οὐδὲ μὲν δὴ τὴν ἀφ› ἡλίου βολῶν
κέλευθον ἀνὴρ οὐδαμοῦ δηλοῖ φανείς.

EPIPÁRODO (866-878)

SEMICORO A

Fadiga traz fadiga à fadiga.
Onde, onde,
onde não estive?
Nenhum lugar me vê ciente.
Olha! Olha!
Ouço já um rumor.

SEMICORO B

Sim, nós, nautas da mesma nave.

SEMICORO A

O que há?

SEMICORO A

Corri todo o flanco oeste das naves.

SEMICORO

Tens, pois...

SEMICORO B

Muita fadiga e nada mais à vista.

SEMICORO A

Nem no caminho dos raios do Sol
tampouco o varão se mostra à luz.

ΧΟΡΟΣ

{STR.} *Τίς ἂν δῆτά μοι, τίς ἂν φιλοπόνων*
ἁλιαδᾶν ἔχων ἀύπνους ἄγρας
ἢ τίς Ὀλυμπιάδων θεᾶν, ἢ ῥυτῶν
Βοσπορίων ποταμῶν,
τὸν ὠμόθυμον εἴ ποθι
πλαζόμενον λεύσσων
ἀπύοι; σχέτλια γὰρ
ἐμέ γε τὸν μακρῶν ἀλάταν πόνων
οὐρίῳ μὴ πελάσαι δρόμῳ,
ἀλλ› ἀμενηνὸν ἄνδρα μὴ λεύσσειν ὅπου.

ΤΕΚΜΗΣΣΑ

ἰώ μοί μοι.

ΧΟΡΟΣ

τίνος βοὴ πάραυλος ἐξέβη νάπους;

ΤΕΚΜΗΣΣΑ

ἰὼ τλήμων.

ΧΟΡΟΣ

τὴν δουρίληπτον δύσμορον νύμφην ὁρῶ
Τέκμησσαν, οἴκτῳ τῷδε συγκεκραμένην.

ΤΕΚΜΗΣΣΑ

οἴχωκ›, ὄλωλα, διαπεπόρθημαι, φίλοι.

ΧΟΡΟΣ

τί δ› ἔστιν;

KOMMÓS (879-973)

CORO

EST. Quem, que pescador esforçado
por manter sua insone caçada,
que Deusa olímpia, que fluido
rio do Bósforo ao ver algures
vaguear o varão cruel
vozearia? É miserável
errar com longas fadigas
sem fazer rota propícia
nem ver vacilante varão.

TECMESSA

Ió moi moi!

CORO

Quem grita perto no vale?

TECMESSA

Iò, mísero!

CORO

Vejo a cativa infausta noiva
Tecmessa imersa na queixa.

TECMESSA

Fui! Morri! Pereci, amigos!

CORO

Que foi?

ΤΕΚΜΗΣΣΑ

Αἴας ὅδ› ἡμῖν ἀρτίως νεοσφαγὴς
κεῖται, κρυφαίῳ φασγάνῳ περιπτυχής.

ΧΟΡΟΣ

ὤμοι ἐμῶν νόστων·
ὤμοι, κατέπεφνες, ἄναξ,
τόνδε συνναύταν, τάλας·
ὢ ταλαίφρων γυνή.

ΤΕΚΜΗΣΣΑ

ὡς ὧδε τοῦδ› ἔχοντος αἰάζειν πάρα.

ΧΟΡΟΣ

τίνος ποτ› ἆρ› ἔπραξε χειρὶ δύσμορος;

ΤΕΚΜΗΣΣΑ

αὐτὸς πρὸς αὑτοῦ, δῆλον· ἐν γάρ οἱ χθονὶ
πηκτὸν τόδ› ἔγχος περιπετοῦς κατηγορεῖ.

ΧΟΡΟΣ

ὤμοι ἐμᾶς ἄτας, οἶος ἄρ› αἱμάχθης,
ἄφαρκτος φίλων·
ἐγὼ δ› ὁ πάντα κωφός, ὁ πάντ› ἄιδρις,
κατημέλησα. πᾷ πᾷ
κεῖται ὁ δυστράπελος
δυσώνυμος Αἴας;

ΤΕΚΜΗΣΣΑ

οὔτοι θεατός· ἀλλά νιν περιπτυχεῖ
φάρει καλύψω τῷδε παμπήδην, ἐπεὶ
οὐδεὶς ἂν ὅστις καὶ φίλος τλαίη βλέπειν
φυσῶντ› ἄνω πρὸς ῥῖνας ἔκ τε φοινίας

TECMESSA

Ájax aqui nos jaz recém-morto
traspassado por oculta espada.

CORO

Ómoi, meu regresso!
Ómoi, mataste, senhor,
este co-nauta, sofredor!
Oh malfadada mulher!

TECMESSA

Assim sendo, resta gemer!

CORO

Por mão de quem agiu o mísero?

TECMESSA

Pela própria, claro! Fixa no chão
a faca o acusa de saltar sobre ela.

CORO

Ómoi, erronia minha! A sós,
sem os teus, foste chacinado.
Falho em tudo, ínscio de tudo,
eu fui negligente. Onde, onde
jaz o intratável Ájax,
o de ominoso nome?

TECMESSA

Não se veja. Nesta envolvente
mortalha hei de ocultá-lo todo,
ninguém dos seus suportaria
vê-lo soltar das narinas negro

πληγῆς μελανθὲν αἷμ› ἀπ› οἰκείας σφαγῆς.
οἴμοι, τί δράσω; τίς σε βαστάσει φίλων;
ποῦ Τεῦκρος; ὡς ἀκμαῖος ἂν βαίη μολὼν,
πεπτῶτ› ἀδελφὸν τόνδε συγκαθαρμόσαι.
ὦ δύσμορ› Αἴας, οἷος ὢν οἵως ἔχεις,
ὡς καὶ παρ› ἐχθροῖς ἄξιος θρήνων τυχεῖν.

ΧΟΡΟΣ

{ΑΝΤ.} *ἔμελλες, τάλας, ἔμελλες χρόνῳ*
στερεόφρων ἄρ› ἐξανύσσειν κακὰν
μοῖραν ἀπειρεσίων πόνων· τοῖά μοι
πάννυχα καὶ φαέθοντ›
ἀνεστέναζες ὠμόφρων
ἐχθοδόπ› Ἀτρείδαις
οὐλίῳ σὺν πάθει.
μέγας ἄρ› ἦν ἐκεῖνος ἄρχων χρόνος
πημάτων, ἦμος ἀριστόχειρ
<– U –> ὅπλων ἔκειτ› ἀγὼν πέρι.

ΤΕΚΜΗΣΣΑ

ἰώ μοί μοι.

ΧΟΡΟΣ

χωρεῖ πρὸς ἧπαρ, οἶδα, γενναία δύη.

ΤΕΚΜΗΣΣΑ

ἰώ μοί μοι.

ΧΟΡΟΣ

οὐδέν σ› ἀπιστῶ καὶ δὶς οἰμῶξαι, γύναι,
τοιοῦδ› ἀποβλαφθεῖσαν ἀρτίως φίλου.

sangue e de seus golpes letais.
Oímoi, que fazer? Qual dos teus
virá te erguer? Onde está Teucro?
Vindo comporia o irmão caído.
Ai, Ájax, quem és, como estás!
Digno de dó até dos inimigos.

CORO

ANT. Devias, mísero, devias com tempo
cumprir obstinado a sorte maligna
de inextricáveis fadigas,
tais queixas dia e noite
proferias de ânimo cruel
odiosas aos Atridas
com danosa paixão!
Grande fonte de males
o tempo do valoroso
concurso das armas.

TECMESSA

Ió moí moi.

CORO

Vai ao fígado, sei, genuína dor.

TECMESSA

Ió moí moi.

CORO

Não duvido, mulher, que dobres
o pranto ao perderes tal parceiro.

ΤΕΚΜΗΣΣΑ

σοὶ μὲν δοκεῖν ταῦτ› ἔστ›, ἐμοὶ δ› ἄγαν φρονεῖν.

ΧΟΡΟΣ

ξυναυδῶ.

ΤΕΚΜΗΣΣΑ

οἴμοι, τέκνον, πρὸς οἷα δουλείας ζυγὰ
χωροῦμεν, οἷοι νῷν ἐφεστᾶσιν σκοποί.

ΧΟΡΟΣ

ὤμοι, ἀναλγήτων
δισσῶν ἐθρόησας ἄναυδ›
ἔργ› Ἀτρειδᾶν τῷδ› ἄχει.
ἀλλ› ἀπείργοι θεός.

ΤΕΚΜΗΣΣΑ

οὐκ ἂν τάδ› ἔστη τῇδε, μὴ θεῶν μέτα.

ΧΟΡΟΣ

ἄγαν ὑπερβριθὲς γε τἄχθος ἤνυσαν.

ΤΕΚΜΗΣΣΑ

τοιόνδε μέντοι Ζηνὸς ἡ δεινὴ θεὸς
Παλλὰς φυτεύει πῆμ› Ὀδυσσέως χάριν.

ΧΟΡΟΣ

ἦ ῥα κελαινώπᾳ θυμῷ ἐφυβρίζει
πολύτλας ἀνήρ,
γελᾷ δὲ τοῖσδε μαινομένοις ἄχεσιν
πολὺν γέλωτα, φεῦ φεῦ,
ξύν τε διπλοῖ βασιλῆς
κλύοντες Ἀτρεῖδαι.

TECMESSA

Isso tu imaginas, eu o sei demais.

CORO

Concordo.

TECMESSA

Oímoi, filho, a que jugo servil
vamos! Que vigias nos impõem!

CORO

Ómoi, infandos atos
de Atridas implacáveis
disseste em tua dor!
Deus que os impeça!

TECMESSA

Não seria sem Deuses.

CORO

Insuportável é o fardo.

TECMESSA

Tal dor a terrível filha de Zeus
a Deusa Palas fez por Odisseu.

CORO

Com o ânimo sombrio
o pertinaz varão insulta
e ri destas loucas dores
vasto riso, *pheû pheû*,
e junto a ele, ao ouvi-lo,
riem os dois reis Atridas.

ΤΕΚΜΗΣΣΑ

οἱ δ› οὖν γελώντων κἀπιχαιρόντων κακοῖς
τοῖς τοῦδ›· ἴσως τοι, κεἰ βλέποντα μὴ ‹πόθουν,
θανόντ› ἂν οἰμώξειαν ἐν χρείᾳ δορός.
οἱ γὰρ κακοὶ γνώμαισι τἀγάθ᾽ ἐν χεροῖν
ἔχοντες οὐκ ἴσασι, πρίν τις ἐκβάλῃ.
ἐμοὶ πικρὸς τέθνηκεν ἢ κείνοις γλυκύς,
αὑτῷ δὲ τερπνός· ὧν γὰρ ἠράσθη τυχεῖν
ἐκτήσαθ› αὑτῷ, θάνατον ὅνπερ ἤθελεν.
[τί δῆτα τοῦδ᾽ ἐπεγγελῷεν ἂν κάτα;]
θεοῖς τέθνηκεν οὗτος, οὐ κείνοισιν, οὔ.
πρὸς ταῦτ› Ὀδυσσεὺς ἐν κενοῖς ὑβριζέτω.
Αἴας γὰρ αὐτοῖς οὐκέτ› ἔστιν, ἀλλ› ἐμοὶ
λιπὼν ἀνίας καὶ γόους διοίχεται.

TECMESSA

Que riam e se alegrem com os males!
Talvez, se dele vivo não sentiam falta,
morto o lamentem na urgência de lança.
Os de mau juízo não sabem que têm
os bens nas mãos antes de os perder.
Sua morte me é amarga, a eles doce,
feliz a si mesmo: tal qual quis tê-la
obteve para si a morte que almejou.
Por que, assim sendo, se ririam dele?
Por Deuses está morto, não por eles.
Por isso, faça Odisseu insultos vãos!
Ájax não é mais para eles; para mim,
porém, deixando dor e pranto partiu.

ΤΕΥΚΡΟΣ

ἰώ μοί μοι.

ΧΟΡΟΣ

Σίγησον· αὐδὴν γὰρ δοκῶ Τεύκρου κλύειν
βοῶντος ἄτης τῆσδ› ἐπίσκοπον μέλος.

ΤΕΥΚΡΟΣ

ὦ φίλτατ› Αἴας, ὦ ξύναιμον ὄμμ› ἐμοί,
ἆρ› ἠμπόληκας ὥσπερ ἡ φάτις κρατεῖ;

ΧΟΡΟΣ

ὄλωλεν ἁνήρ, Τεῦκρε, τοῦτ› ἐπίστασο.

ΤΕΥΚΡΟΣ

ὤμοι βαρείας ἆρα τῆς ἐμῆς τύχης.

ΧΟΡΟΣ

ὡς ὧδ› ἐχόντων –

ΤΕΥΚΡΟΣ

ὢ τάλας ἐγώ, τάλας.

ΧΟΡΟΣ

πάρα στενάζειν.

ΤΕΥΚΡΟΣ

ὦ περισπερχὲς πάθος.

QUARTO EPISÓDIO (974-1184)

TEUCRO

Ió moí moi!

CORO

Silêncio! Parece que ouço Teucro
entoar canto perante esta erronia.

TEUCRO

Ó meu Ájax, minha fraterna face,
fizeste tal como o rumor domina?

CORO

Morto o varão, Teucro! Sabe disso!

TEUCRO

Ómoi! Que amarga a minha sorte!

CORO

Assim é.

TEUCRO

Mísero de mim, mísero!

CORO

Resta gemer.

TEUCRO

Ó subitânea dor!

ΧΟΡΟΣ

ἄγαν γε, Τεῦκρε.

ΤΕΥΚΡΟΣ

φεῦ τάλας. τί γὰρ τέκνον
τὸ τοῦδε; ποῦ μοι γῆς κυρεῖ τῆς Τρῳάδος;

ΧΟΡΟΣ

Μόνος παρὰ σκηναῖσιν.

ΤΕΥΚΡΟΣ

οὐχ ὅσον τάχος
δῆτ› αὐτὸν ἄξεις δεῦρο, μή τις ὡς κενῆς
σκύμνον λεαίνης δυσμενῶν ἀναρπάσῃ;
ἴθ›, ἐγκόνει, σύγκαμνε. τοῖς θανοῦσί τοι
φιλοῦσι πάντες κειμένοις ἐπεγγελᾶν.

ΧΟΡΟΣ

καὶ μὴν ἔτι ζῶν, Τεῦκρε, τοῦδέ σοι μέλειν
ἐφίεθ› ἀνὴρ κεῖνος, ὥσπερ οὖν μέλει.

ΤΕΥΚΡΟΣ

ὦ τῶν ἁπάντων δὴ θεαμάτων ἐμοὶ
ἄλγιστον ὧν προσεῖδον ὀφθαλμοῖς ἐγώ,
ὁδός θ› ὁδῶν πασῶν ἀνιάσασα δὴ
μάλιστα τοὐμὸν σπλάγχνον, ἣν δὴ νῦν ἔβην,
ὦ φίλτατ› Αἴας, τὸν σὸν ὡς ἐπῃσθόμην
μόρον διώκων κἀξιχνοσκοπούμενος.
ὀξεῖα γάρ σου βάξις ὡς θεοῦ τινος
διῆλθ› Ἀχαιοὺς πάντας ὡς οἴχῃ θανών.
ἁγὼ κλυὼν δύστηνος ἐκποδὼν μὲν ὢν
ὑπεστέναζον, νῦν δ› ὁρῶν ἀπόλλυμαι.

CORO

Atroz, Teucro!

TEUCRO

Pheû, mísero! Onde
o seu filho? Onde o tenho na Trôade?

CORO

A sós, na tenda.

TEUCRO

Não o trarás para cá
o mais rápido, para que os inimigos não
o arrebatem qual a uma cria de leoa erma?
Avia-te, apressa-te, coopera! Dos mortos,
uma vez jacentes, todos tendem a se rir.

CORO

Sim, Teucro, ainda vivo aquele varão
incumbiu-te do cuidado de que cuidas.

TEUCRO

Ó de todas as visões a mais dolorosa
das que vi com meus próprios olhos,
e trilha a mais aflitiva a meu coração
das trilhas todas, a que ora percorri,
ó meu caríssimo Ájax, tão logo soube
tua sorte, perseguindo e investigando.
Acre rumor qual de um Deus correu
por todos os aqueus de que pereceste.
Ao ouvi-lo, eu, mísero, estando longe,
gemia, mas agora, ao te ver, sucumbo.

οἴμοι.
ἴθ›, ἐκκάλυψον, ὡς ἴδω τὸ πᾶν κακόν.
ὦ δυσθέατον ὄμμα καὶ τόλμης πικρᾶς,
ὅσας ἀνίας μοι κατασπείρας φθίνεις.
ποῖ γὰρ μολεῖν μοι δυνατόν, εἰς ποίους βροτούς,
τοῖς σοῖς ἀρήξαντ› ἐν πόνοισι μηδαμοῦ;
ἦ πού <με> Τελαμών, σὸς πατὴρ ἐμός θ› ἅμα,
δέξαιτ› ἂν εὐπρόσωπος ἵλεώς τ› ἰδὼν
χωροῦντ› ἄνευ σοῦ. πῶς γὰρ οὔχ; ὅτῳ πάρα
μηδ› εὐτυχοῦντι μηδὲν ἥδιον γελᾶν.
οὗτος τί κρύψει; ποῖον οὐκ ἐρεῖ κακόν
τὸν ἐκ δορὸς γεγῶτα πολεμίου νόθον,
τὸν δειλίᾳ προδόντα καὶ κακανδρίᾳ
σέ, φίλτατ› Αἴας, ἢ δόλοισιν, ὡς τὰ σὰ
κράτη θανόντος καὶ δόμους νέμοιμι σούς.
τοιαῦτ› ἀνὴρ δύσοργος, ἐν γήρᾳ βαρύς,
ἐρεῖ, πρὸς οὐδὲν εἰς ἔριν θυμούμενος.
τέλος δ› ἀπωστὸς γῆς ἀπορριφθήσομαι,
δοῦλος λόγοισιν ἀντ› ἐλευθέρου φανείς.
τοιαῦτα μὲν κατ› οἶκον· ἐν Τροίᾳ δέ μοι
πολλοὶ μὲν ἐχθροί, παῦρα δ› ὠφελήσιμα
καὶ ταῦτ᾽ ἄφαντα σοῦ θανόντος ηὑρόμην.
οἴμοι, τί δράσω; πῶς σ› ἀποσπάσω πικροῦ
τοῦδ› αἰόλου κνώδοντος; ὦ τάλας, ὑφ› οὗ
φονέως ἄρ› ἐξέπνευσας. εἶδες ὡς χρόνῳ
ἔμελλέ σ›Ἕκτωρ καὶ θανὼν ἀποφθίσειν;
[σκέψασθε, πρὸς θεῶν, τὴν τύχην δυοῖν βροτοῖν.
Ἕκτωρ μέν, ᾧ δὴ τοῦδ› ἐδωρήθη πάρα,
ζωστῆρι πρισθεὶς ἱππικῶν ἐξ ἀντύγων
ἐκνάπτετ› αἰὲν ἔστ› ἀπέψυξεν βίον·
οὗτος δ› ἐκείνου τήνδε δωρεὰν ἔχων
πρὸς τοῦδ› ὄλωλε θανασίμῳ πεσήματι.
ἆρ› οὐκ Ἐρινὺς τοῦτ› ἐχάλκευσεν ξίφος

Oímoi!
Vem, descobre para eu ver todo o mal!
Ó horrenda visão de pungente audácia,
quantas dores me semeias ao morreres!
Aonde ainda posso ir? A que mortais,
se em teus tormentos não te vali nada?
Têlamon, o teu e meu pai, talvez me
recebesse com a cara boa e amável
quando eu voltar sem ti. Como não?
Nem ao ter boa sorte tem doce riso.
O que ocultará? Que mal não dirá
ao filho bastardo de lança inimiga,
que te traiu por vileza e covardia,
a ti, caríssimo Ájax, ou por dolo
para ter o poder e a casa do morto?
Tal dirá o varão irascível, ancião
severo, por nada furioso em rixa.
Por fim, desterrado, serei banido
dito e visto servo em vez de livre.
Tal será em casa. Em Troia tenho
muitos hostis, poucos prestativos,
que descobri sumir em tua morte.
Oímoi, que fazer? Como te tirar
dessa cruel fúlgida faca? Ó mísero,
como expiraste! Viste que morto
Heitor devia em tempo te matar?
[Por Deuses, vede a sorte dos dois
mortais: dele Heitor obteve o cinto
com que foi atado à borda do carro
sempre esfolado até exalar a vida,
este teve daquele este dom diante
de que terminou na queda mortal.
Ora, não fabricou Erínis esta faca

κἀκεῖνον Ἅιδης, δημιουργὸς ἄγριος;
ἐγὼ μὲν οὖν καὶ ταῦτα καὶ τὰ πάντ› ἀεὶ
φάσκοιμ› ἂν ἀνθρώποισι μηχανᾶν θεούς·
ὅτῳ δὲ μὴ τάδ› ἐστὶν ἐν γνώμῃ φίλα,
κεῖνός τ› ἐκεῖνα στεργέτω κἀγὼ τάδε.]

ΧΟΡΟΣ

μὴ τεῖνε μακράν, ἀλλ› ὅπως κρύψεις τάφῳ
φράζου τὸν ἄνδρα, χὤ τι μυθήσῃ τάχα.
βλέπω γὰρ ἐχθρὸν φῶτα, καὶ τάχ› ἂν κακοῖς
γελῶν ἃ δὴ κακοῦργος ἐξίκοιτ› ἀνήρ.

ΤΕΥΚΡΟΣ

τίς δ› ἐστὶν ὅντιν› ἄνδρα προσλεύσσεις στρατοῦ;

ΧΟΡΟΣ

Μενέλαος, ᾧ δὴ τόνδε πλοῦν ἐστείλαμεν.

ΤΕΥΚΡΟΣ

ὁρῶ· μαθεῖν γὰρ ἐγγὺς ὢν οὐ δυσπετής.

ΜΕΝΕΛΑΟΣ

οὗτος, σὲ φωνῶ, τόνδε τὸν νεκρὸν χεροῖν
μὴ συγκομίζειν, ἀλλ› ἐᾶν ὅπως ἔχει.

ΤΕΥΚΡΟΣ

τίνος χάριν τοσόνδ› ἀνήλωσας λόγον;

ΜΕΝΕΛΑΟΣ

δοκοῦντ› ἐμοί, δοκοῦντα δ› ὃς κραίνει στρατοῦ.

ΤΕΥΚΡΟΣ

οὔκουν ἂν εἴποις ἥντιν› αἰτίαν προθείς;

e Hades rude artesão aquele cinto?
Sim, eu diria que isso e tudo mais
os Deuses sempre urdem aos homens.
Quem isto não aprecie em seu juízo
fique ele com aquilo, e eu, com isto.]

CORO

Não demores, mas cuida de como
sepultar este varão e do que dirás.
Avisto um inimigo e talvez venha
rir de nossos males qual malfeitor.

TEUCRO

Que varão da tropa estás avistando?

CORO

Menelau, por quem nós navegamos.

TEUCRO

Vejo, perto não é difícil reconhecer.

MENELAU

Ó tu, digo-te não transportes o morto
nos braços, mas deixa-o como está.

TEUCRO

Graças a que gastaste tanta palavra?

MENELAU

Decidi eu, e decidiu o chefe da tropa.

TEUCRO

Não dirias que acusação apresentas?

ΜΕΝΕΛΑΟΣ

ὁθούνεκ› αὐτὸν ἐλπίσαντες οἴκοθεν
ἄγειν Ἀχαιοῖς ξύμμαχόν τε καὶ φίλον,
ἐξηύρομεν ξυνόντες ἐχθίω Φρυγῶν·
ὅστις στρατῷ ξύμπαντι βουλεύσας φόνον
νύκτωρ ἐπεστράτευσεν, ὡς ἕλοι δορί·
κεἰ μὴ θεῶν τις τήνδε πεῖραν ἔσβεσεν,
ἡμεῖς μὲν ἂν τῇδ› ἣν ὅδ› εἴληχεν τύχῃ
θανόντες ἂν προὐκείμεθ› αἰσχίστῳ μόρῳ,
οὗτος δ› ἂν ἔζη. νῦν δ› ἐνήλλαξεν θεὸς
τὴν τοῦδ› ὕβριν πρὸς μῆλα καὶ ποίμνας πεσεῖν.
ὧν οὕνεκ› αὐτὸν οὔτις ἔστ› ἀνὴρ σθένων
τοσοῦτον ὥστε σῶμα τυμβεῦσαι τάφῳ,
ἀλλ› ἀμφὶ χλωρὰν ψάμαθον ἐκβεβλημένος
ὄρνισι φορβὴ παραλίοις γενήσεται.
πρὸς ταῦτα μηδὲν δεινὸν ἐξάρῃς μένος.
εἰ γὰρ βλέποντος μὴ ‹δυνήθημεν κρατεῖν,
πάντως θανόντος γ› ἄρξομεν, κἂν μὴ θέλῃς,
χερσὶν παρευθύνοντες· οὐ γὰρ ἔσθ› ὅπου
λόγων ἀκοῦσαι ζῶν ποτ› ἠθέλησ› ἐμῶν.
καίτοι κακοῦ πρὸς ἀνδρὸς ἄνδρα δημότην
μηδὲν δικαιοῦν τῶν ἐφεστώτων κλύειν.
οὐ γὰρ ποτ› οὔτ› ἂν ἐν πόλει νόμοι καλῶς
φέροιντ› ἄν, ἔνθα μὴ καθεστήκοι δέος,
οὔτ› ἂν στρατός γε σωφρόνως ἄρχοιτ› ἔτι
μηδὲν φόβου πρόβλημα μηδ› αἰδοῦς ἔχων.
ἀλλ› ἄνδρα χρή, κἂν σῶμα γεννήσῃ μέγα,
δοκεῖν πεσεῖν ἂν κἂν ἀπὸ σμικροῦ κακοῦ.
δέος γὰρ ᾧ πρόσεστιν αἰσχύνη θ› ὁμοῦ,
σωτηρίαν ἔχοντα τόνδ› ἐπίστασο·
ὅπου δ› ὑβρίζειν δρᾶν θ› ἃ βούλεται παρῇ,
ταύτην νόμιζε τὴν πόλιν χρόνῳ ποτὲ
ἐξ οὐρίων δραμοῦσαν εἰς βυθὸν πεσεῖν.

MENELAU

Porque crendo conduzi-lo de casa
como o aliado e amigo dos aqueus
descobrimos ser pior que os frígios.
Ele tramando morte de toda a tropa
atacou à noite para matar com lança.
Se um Deus não frustrasse o ataque,
nós, mortos desta sorte que ele teve,
jazeríamos com a morte mais infame
e ele estaria vivo, mas Deus desviou
sua agressão contra reses e rebanho.
Por isso nenhum varão é tão forte
que sepulte seu corpo em sepulcro,
mas lançado sobre a areia amarela
será banquete para as aves marinhas.
Diante disso não ergas terrível ira!
Se não podíamos dominá-lo vivo,
morto controlaremos apesar de ti,
dirigindo com o braço. Ele em vida
nunca anuiu em me ouvir as razões.
Mas é de varão vil, se domiciliado,
não julgar justo ouvir os superiores.
As leis não prosperariam na cidade
onde não se implantasse o temor,
nem exército bem se comandaria
sem o anteparo de pavor e respeito.
O varão, até o de grande estatura,
deve crer que cairia até por pouco.
Sabe que a segurança é do varão
a quem temor e vergonha assistem.
Onde se transgride e faz o que quer,
pensa que um dia a tempo essa urbe
após fruir brisa propícia irá ao fundo.

ἀλλ› ἑστάτω μοι καὶ δέος τι καίριον,
καὶ μὴ δοκῶμεν δρῶντες ἃν ἡδώμεθα
οὐκ ἀντιτείσειν αὖθις ἃν λυπώμεθα.
ἕρπει παραλλὰξ ταῦτα. πρόσθεν οὗτος ἦν
αἴθων ὑβριστής, νῦν δ› ἐγὼ μέγ› αὖ φρονῶ.
καί σοι προφωνῶ τόνδε μὴ θάπτειν, ὅπως
μὴ τόνδε θάπτων αὐτὸς εἰς ταφὰς πέσῃς.

ΧΟΡΟΣ

Μενέλαε, μὴ γνώμας ὑποστήσας σοφὰς
εἶτ› αὐτὸς ἐν θανοῦσιν ὑβριστὴς γένῃ.

ΤΕΥΚΡΟΣ

οὐκ ἄν ποτ›, ἄνδρες, ἄνδρα θαυμάσαιμ› ἔτι,
ὃς μηδὲν ὢν γοναῖσιν εἶθ› ἁμαρτάνει,
ὅθ› οἱ δοκοῦντες εὐγενεῖς πεφυκέναι
τοιαῦθ› ἁμαρτάνουσιν ἐν λόγοις ἔπη.
ἄγ›, εἴπ› ἀπ› ἀρχῆς αὖθις, ἦ σὺ φὴς ἄγειν
τὸν ἄνδρ› Ἀχαιοῖς δεῦρο σύμμαχον λαβών;
οὐκ αὐτὸς ἐξέπλευσεν ὡς αὑτοῦ κρατῶν;
ποῦ σὺ στρατηγεῖς τοῦδε; ποῦ δὲ σοὶ λεὼν
ἔξεστ› ἀνάσσειν ὧν ὅδ› ἤγετ› οἴκοθεν;
Σπάρτης ἀνάσσων ἦλθες, οὐχ ἡμῶν κρατῶν·
οὐδ› ἔσθ› ὅπου σοὶ τόνδε κοσμῆσαι πλέον
ἀρχῆς ἔκειτο θεσμὸς ἢ καὶ τῷδε σέ.
[ὕπαρχος ἄλλων δεῦρ' ἔπλευσας, οὐχ ὅλων
στρατηγός, ὥστ› Αἴαντος ἡγεῖσθαί ποτε.]
ἀλλ› ὧνπερ ἄρχεις ἄρχε, καὶ τὰ σέμν› ἔπη
κόλαζ› ἐκείνους· τόνδε δ›, εἴτε μὴ σὺ φῂς
εἴθ› ἅτερος στρατηγός, εἰς ταφὰς ἐγὼ
θήσω δικαίως, οὐ τὸ σὸν δείσας στόμα.
οὐ γάρ τι τῆς σῆς οὕνεκ› ἐστρατεύσατο
γυναικός, ὥσπερ οἱ πόνου πολλοῦ πλέῳ,

Mas esteja comigo temor oportuno,
não creiamos fazer o que nos apraz
sem levar em troca o que nos aflige.
Isso vem alternado. Se antes era ele
um flagrante transgressor, agora eu
soberbo proclamo que não o sepultes
e por sepultar não caias na sepultura.

CORO

Menelau, após tuas sábias sentenças
não te tornes transgressor de mortos.

TEUCRO

Varões, não me admiraria do varão
que sendo nulo de nascença errasse
quando supostos bem-nascidos erram
tanto ao falar. Diz desde o começo
de novo: dizes conduzir este varão
para cá por o ter aliado dos aqueus?
Não navegou ele senhor de si mesmo?
Onde tu mandas nele? Onde tu tens
poder sobre quem ele trouxe de casa?
Vieste rei de Esparta, não o nosso rei.
Não há onde tivesses mais o instituto
de poder sobre ele do que ele sobre ti.
Navegaste para cá subalterno, não és
chefe de todos de modo a chefiar Ájax.
Manda em quem mandas e com solenes
falas coíbe-os. A este, quer tu o negues,
quer outro chefe, eu lhe darei sepultura
com justiça, sem temor de tuas palavras.
Ele não veio à guerra por causa de tua
mulher, tal qual os cheios de muita lida,

ἀλλ› οὕνεχ› ὅρκων οἷσιν ἦν ἐπώμοτος,
σοῦ δ› οὐδέν· οὐ γὰρ ἠξίου τοὺς μηδένας.
πρὸς ταῦτα πλείους δεῦρο κήρυκας λαβὼν
καὶ τὸν στρατηγὸν ἧκε· τοῦ δὲ σοῦ ψόφου
οὐκ ἂν στραφείην, ἕως ἂν ᾖς οἷός περ εἶ.

ΧΟΡΟΣ

οὐδ› αὖ τοιαύτην γλῶσσαν ἐν κακοῖς φιλῶ·
τὰ σκληρὰ γάρ τοι, κἂν ὑπέρδικ› ᾖ, δάκνει.

ΜΕΝΕΛΑΟΣ

ὁ τοξότης ἔοικεν οὐ σμικρὸν φρονεῖν.

ΤΕΥΚΡΟΣ

οὐ γὰρ βάναυσον τὴν τέχνην ἐκτησάμην.

ΜΕΝΕΛΑΟΣ

μέγ› ἄν τι κομπάσειας, ἀσπίδ› εἰ λάβοις.

ΤΕΥΚΡΟΣ

κἂν ψιλὸς ἀρκέσαιμι σοί γ› ὡπλισμένῳ.

ΜΕΝΕΛΑΟΣ

ἡ γλῶσσά σου τὸν θυμὸν ὡς δεινὸν τρέφει.

ΤΕΥΚΡΟΣ

Ξὺν τῷ δικαίῳ γὰρ μέγ› ἔξεστιν φρονεῖν.

ΜΕΝΕΛΑΟΣ

δίκαια γὰρ τόνδ› εὐτυχεῖν κτείναντά με;

ΤΕΥΚΡΟΣ

κτείναντα; δεινόν γ› εἶπας, εἰ καὶ ζῇς θανών.

mas pelos juramentos que tinha jurado,
não por ti, pois não apreciava os nulos.
Diante disso, vem cá com mais arautos
e com o chefe da tropa! Por teus ruídos
eu não me voltaria, sendo tu quem és.

CORO

Nem tais palavras nestes males estimo,
pois ríspidas, ainda que justas, mordem.

MENELAU

O arqueiro parece não pensar pequeno.

TEUCRO

Pois não é arte de artesão que aprendi.

MENELAU

Muito alardearias se usasses um escudo.

TEUCRO

Até inerme eu te bateria a ti com arma.

MENELAU

Que terrível ânimo tua língua alimenta!

TEUCRO

Pois com justiça é possível ser soberbo.

MENELAU

É justo ter boa sorte esse que me matou?

TEUCRO

Matou? Que prodígio se até morto vives!

ΜΕΝΕΛΑΟΣ

θεὸς γὰρ ἐκσῴζει με, τῷδε δ› οἴχομαι.

ΤΕΥΚΡΟΣ

μὴ νῦν ἀτίμα θεούς, θεοῖς σεσωμένος.

ΜΕΝΕΛΑΟΣ

ἐγὼ γὰρ ἂν ψέξαιμι δαιμόνων νόμους;

ΤΕΥΚΡΟΣ

εἰ τοὺς θανόντας οὐκ ἐᾷς θάπτειν παρών.

ΜΕΝΕΛΑΟΣ

τούς γ› αὐτὸς αὑτοῦ πολεμίους· οὐ γὰρ καλόν.

ΤΕΥΚΡΟΣ

ἦ σοὶ γὰρ Αἴας πολέμιος προὔστη ποτέ;

ΜΕΝΕΛΑΟΣ

μισοῦντ› ἐμίσει· καὶ σὺ τοῦτ› ἠπίστασο.

ΤΕΥΚΡΟΣ

κλέπτης γὰρ αὐτοῦ ψηφοποιὸς ηὑρέθης.

ΜΕΝΕΛΑΟΣ

ἐν τοῖς δικασταῖς, οὐκ ἐμοί, τόδ› ἐσφάλη.

ΤΕΥΚΡΟΣ

πόλλ› ἂν καλῶς λάθρᾳ σὺ κλέψειας κακά.

ΜΕΝΕΛΑΟΣ

τοῦτ› εἰς ἀνίαν τοὔπος ἔρχεταί τινι.

MENELAU

Um Deus me salva, por esse estou morto.

TEUCRO

Se salvo por Deuses, Deuses não desonres.

MENELAU

Por que eu reprovaria as leis dos Numes?

TEUCRO

Se presente não permites sepultar mortos.

MENELAU

A meus inimigos, não, pois não convém.

TEUCRO

Ájax te afrontou em guerra alguma vez?

MENELAU

Ele odiava quem o odiava, tu bem sabias.

TEUCRO

Foste flagrado fraudando os votos dele.

MENELAU

Com os juízes, não comigo, caiu nisso.

TEUCRO

Bem furtivo farias oculto muitos males.

MENELAU

Essa palavra vai às aflições de alguém.

ΤΕΥΚΡΟΣ

οὐ μᾶλλον, ὡς ἔοικεν, ἢ λυπήσομεν.

ΜΕΝΕΛΑΟΣ

ἕν σοι φράσω· τόνδ› ἐστὶν οὐχὶ θαπτέον.

ΤΕΥΚΡΟΣ

ἀλλ› ἀντακούσῃ τοῦθ᾽ ἕν ὡς τεθάψεται.

ΜΕΝΕΛΑΟΣ

ἤδη ποτ› εἶδον ἄνδρ› ἐγὼ γλώσσῃ θρασὺν
ναύτας ἐφορμήσαντα χειμῶνος τὸ πλεῖν,
ᾧ φθέγμ› ἂν οὐκ ἐνηῦρες, ἡνίκ› ἐν κακῷ
χειμῶνος εἴχετ›, ἀλλ› ὑφ› εἵματος κρυφεὶς
πατεῖν παρεῖχε τῷ θέλοντι ναυτίλων.
οὕτω δὲ καὶ σὲ καὶ τὸ σὸν λάβρον στόμα
σμικροῦ νέφους τάχ› ἄν τις ἐκπνεύσας μέγας
χειμὼν κατασβέσειε τὴν πολλὴν βοήν.

ΤΕΥΚΡΟΣ

ἐγὼ δέ γ› ἄνδρ› ὄπωπα μωρίας πλέων,
ὃς ἐν κακοῖς ὕβριζε τοῖσι τῶν πέλας.
κᾆτ› αὐτὸν εἰσιδών τις ἐμφερὴς ἐμοὶ
ὀργήν θ› ὁμοῖος εἶπε τοιοῦτον λόγον,
«ὤνθρωπε, μὴ δρᾶ τοὺς τεθνηκότας κακῶς·
εἰ γὰρ ποιήσεις, ἴσθι πημανούμενος».
τοιαῦτ› ἄνολβον ἄνδρ› ἐνουθέτει παρών.
ὁρῶ δέ τοί νιν, κἄστιν, ὡς ἐμοὶ δοκεῖ,
οὐδείς ποτ› ἄλλος ἢ σύ. μῶν ᾐνιξάμην;

ΜΕΝΕΛΑΟΣ

ἄπειμι· καὶ γὰρ αἰσχρόν, εἰ πύθοιτό τις
λόγοις κολάζειν ᾧ βιάζεσθαι πάρα.

TEUCRO

Parece que não mais do que afligiremos.

MENELAU

Somente te direi que não será sepultado.

TEUCRO

Ouvirás em resposta que será sepultado.

MENELAU

Uma vez vi um varão audaz ao falar
instigar nautas a navegar na tormenta,
não se ouvia sua voz quando no mal
da tormenta, mas oculto sob as vestes
permitia pisá-lo o nauta que quisesse.
Assim quanto a ti e tua boca veemente
soprando de breve nuvem uma grande
tormenta extinguiria tua vasta gritaria.

TEUCRO

Eu já vi um varão cheio de estultícia,
que transgredia os míseros ao redor.
Ao vê-lo alguém parecido comigo
e similar na ira proferiu algo assim:
"Ó homem, não faças mal a mortos,
se fizeres, sabe tu que padecerás".
Assim se advertiu o varão infausto.
Eu o vejo e ele não me parece ser
outro senão tu. Tenho dito enigma?

MENELAU

Vou-me, vexame seria se soubessem
que puno com fala em vez de força.

ΤΕΥΚΡΟΣ

ἄφερπέ νυν. κἀμοὶ γὰρ αἴσχιστον κλύειν
ἀνδρὸς ματαίου φλαῦρ› ἔπη μυθουμένου.

ΧΟΡΟΣ

ἔσται μεγάλης ἔριδός τις ἀγών.
ἀλλ› ὡς δύνασαι, Τεῦκρε, ταχύνας
σπεῦσον κοίλην κάπετόν τιν› ἰδεῖν
τῷδ›, ἔνθα βροτοῖς τὸν ἀείμνηστον
τάφον εὐρώεντα καθέξει.

ΤΕΥΚΡΟΣ

καὶ μὴν ἐς αὐτὸν καιρὸν οἵδε πλησίοι
πάρεισιν ἀνδρὸς τοῦδε παῖς τε καὶ γυνή,
τάφον περιστελοῦντε δυστήνου νεκροῦ.
ὦ παῖ, πρόσελθε δεῦρο, καὶ σταθεὶς πέλας
ἱκέτης ἔφαψαι πατρὸς, ὅς σ› ἐγείνατο.
θάκει δὲ προστρόπαιος ἐν χεροῖν ἔχων
κόμας ἐμὰς καὶ τῆσδε καὶ σαυτοῦ τρίτου,
ἱκτήριον θησαυρόν. εἰ δέ τις στρατοῦ
βίᾳ σ› ἀποσπάσειε τοῦδε τοῦ νεκροῦ,
κακὸς κακῶς ἄθαπτος ἐκπέσοι χθονός,
γένους ἅπαντος ῥίζαν ἐξημημένος,
αὔτως ὅπωσπερ τόνδ› ἐγὼ τέμνω πλόκον.
ἔχ› αὐτόν, ὦ παῖ, καὶ φύλασσε, μηδέ σε
κινησάτω τις, ἀλλὰ προσπεσὼν ἔχου,
ὑμεῖς τε μὴ γυναῖκες ἀντ› ἀνδρῶν πέλας
παρέστατ›, ἀλλ› ἀρήγετ›, ἔστ› ἐγὼ μόλω
τάφου μεληθεὶς τῷδε, κἂν μηδεὶς ἐᾷ.

TEUCRO

Vai-te! O meu maior vexame seria
ouvir varão tolo dizer palavras vãs.

CORO

Haverá um certame de grande rixa.
Mas como podes, Teucro, sê rápido
e trata de prover escavada cova
para ele onde sempre lembrado
por mortais terá nevoenta tumba.

TEUCRO

Eis a tempo aqui presentes próximos
o filho e a mulher deste varão
para os funerais do mísero morto.
Ó filho, vem aqui e de pé perto
súplice toca o pai que te gerou!
Senta-te implorante com cabelos
meus, dela e – três – teus nas mãos,
súplice tesouro. Se alguém da tropa
com violência te tirasse deste morto,
desterre-se o mau mal e insepulto
e ceife-se a raiz de toda a família
tal como estou cortando este cacho.
Filho, toma-o, guarda-o! Ninguém
te remova! Mantém-te genuflexo!
Vós, não mulheres em vez de varões,
estai perto e defendei até eu voltar
feita a cova ainda que não permitam.

ΧΟΡΟΣ

{STR.1} τίς ἄρα νέατος ἐς πότε λή-
ξει πολυπλάγκτων ἐτέων ἀριθμός,
τὰν ἄπαυστον αἰὲν ἐμοὶ δορυσσοή-
των μόχθων ἄταν ἐπάγων
ἂν τὰν εὐρώδη Τροΐαν,
δύστανον ὄνειδος Ἑλλάνων;

{ANT.1} ὄφελε πρότερον αἰθέρα δῦ-
ναι μέγαν ἢ τὸν πολύκοινον Ἅιδαν
κεῖνος ἀνήρ, ὃς στυγερῶν ἔδειξεν ὅ-
πλων Ἕλλασιν κοινὸν Ἄρη.
ὦ πόνοι πρόγονοι πόνων·
κεῖνος γὰρ ἔπερσεν ἀνθρώπους.

{STR.2} ἐκεῖνος οὐ στεφάνων οὔ-
τε βαθειᾶν κυλίκων νεῖ-
μεν ἐμοὶ τέρψιν ὁμιλεῖν,
οὔτε γλυκὺν αὐλῶν ὄτοβον δυσ-
μόρῳ, οὔτ᾽ ἐννυχίαν τέρψιν ἰαύειν·
ἐρώτων δ› ἐρώτων ἀπέπαυσεν, ὤμοι.
κεῖμαι δ› ἀμέριμνος οὕτως,
ἀεὶ πυκιναῖς δρόσοις
τεγγόμενος κόμας,
λυγρᾶς μνήματα Τροίας.

{ANT.2} καὶ πρὶν μὲν ἐννυχίου δεί-
ματος ἦν μοι προβολὰ καὶ

TERCEIRO ESTÁSIMO (1185-1222)

CORO

EST. 1 Qual o último, ao fechar
a conta dos anos multívagos
sempre nesta interminável
erronia dos labores da lança
na extensa terra troiana,
triste ultraje aos gregos?

ANT. 1 Antes sumisse no celeste
fulgor ou no Hades comum
quem deu aos gregos Ares
comum de hórridas armas!
Ó dores geradoras de dores,
pois devastou os homens.

EST. 2 Ele não me concedeu
o prazer das guirlandas
e dos cálices profundos,
ai! Nem aulos dulcíssonos,
nem pernoitar por prazer.
Amores, amores findou, *ómoi!*
Tão descurado estou,
os cabelos umedecidos
sempre de grossas gotas,
lembranças de lúgubre Troia.

ANT. 2 Antes era para mim sempre
anteparo do pavor noturno

βελέων θούριος Αἴας·
νῦν δ› οὗτος ἀνεῖται στυγερῷ δαί-
μονι. τίς μοι, τίς ἔτ› οὖν τέρψις ἐπέσται;
γενοίμαν ἵν› ὑλᾶεν ἔπεστι πόντῳ
πρόβλημ› ἁλίκλυστον, ἄκραν
ὑπὸ πλάκα Σουνίου,
τὰς ἱερὰς ὅπως
προσείποιμεν Ἀθάνας.

e dos dardos o árdego Ájax,
ora dado ao hórrido Nume.
Que prazer ainda me resta?
Fosse aonde silvoso cabo
marinho sobrestá ao mar
sob o planalto de Súnio
para que eu pudesse
saudar a sagrada Atenas!

ΤΕΥΚΡΟΣ

καὶ μὴν ἰδὼν ἔσπευσα τὸν στρατηλάτην
Ἀγαμέμνον› ἡμῖν δεῦρο τόνδ› ὁρμώμενον·
δῆλος δέ μοὐστὶ σκαιὸν ἐκλύσων στόμα.

ΑΓΑΜΕΜΝΩΝ

σὲ δὴ τὰ δεινὰ ῥήματ› ἀγγέλλουσί μοι
τλῆναι καθ› ἡμῶν ὧδ› ἀνοιμωκτεὶ χανεῖν.
σέ τοι, τὸν ἐκ τῆς αἰχμαλωτίδος λέγω·
ἦ που τραφεὶς ἂν μητρὸς εὐγενοῦς ἄπο
ὑψήλ› ἐφώνεις κἀπ› ἄκρων ὡδοιπόρεις,
ὅτ› οὐδὲν ὢν τοῦ μηδὲν ἀντέστης ὕπερ,
κοὔτε στρατηγοὺς οὔτε ναυάρχους μολεῖν
ἡμᾶς Ἀχαιῶν οὔτε σοῦ διωμόσω,
ἀλλ› αὐτὸς ἄρχων, ὡς σὺ φῄς, Αἴας ἔπλει.
ταῦτ› οὐκ ἀκούειν μεγάλα πρὸς δούλων κακά;
ποίου κέκραγας ἀνδρὸς ὧδ› ὑπέρφρονα,
ποῦ βάντος ἢ ποῦ στάντος οὗπερ οὐκ ἐγώ;
οὐκ ἆρ› Ἀχαιοῖς ἄνδρες εἰσὶ πλὴν ὅδε;
πικροὺς ἔοιγμεν τῶν Ἀχιλλείων ὅπλων
ἀγῶνας Ἀργείοισι κηρῦξαι τότε,
εἰ πανταχοῦ φανούμεθ› ἐκ Τεύκρου κακοί,
κοὐκ ἀρκέσει ποθ› ὑμὶν οὐδ› ἡσσημένοις
εἴκειν ἃ τοῖς πολλοῖσιν ἤρεσκεν κριταῖς,
ἀλλ› αἰὲν ἡμᾶς ἢ κακοῖς βαλεῖτέ που
ἢ σὺν δόλῳ κεντήσεθ› οἱ λελειμμένοι.
ἐκ τῶνδε μέντοι τῶν τρόπων οὐκ ἄν ποτε
κατάστασις γένοιτ› ἂν οὐδενὸς νόμου,

ÊXODO (1223-1420)

TEUCRO

Apressei-me ao ver que o chefe
Agamêmnon avançava para cá.
É claro que soltará a sinistra língua.

AGAMÊMNON

Tu, anunciam-me terríveis palavras
contra nós que ousas impune dizer.
Tu, digo o filho da cativa de lança,
talvez se nascesses de nobre mãe
falarias altivo e pisarias altaneiro,
quando sendo nulo lutas por nada.
Nem chefes de frota nem de tropas
de aqueus nem de ti disseste virmos,
mas Ájax veio autárquico, tu dizes.
Não é mal ouvir soberba de servos?
De quem vociferas tais soberbias?
Onde ele foi, ou esteve, que eu não?
Os aqueus não são varões, salvo ele?
Acre o certame das armas de Aquiles
nos parece proclamado aos aqueus,
se Teucro faz todos nos ver tão vis,
e não anuireis jamais, nem vencidos,
em ceder à decisão de muitos juízes,
mas sempre nos lançareis más falas
ou ferireis com dolo, vós, preteridos.
Agindo-se desse modo, não haveria
nunca a instituição de nenhuma lei,

εἰ τοὺς δίκῃ νικῶντας ἐξωθήσομεν
καὶ τοὺς ὄπισθεν εἰς τὸ πρόσθεν ἄξομεν.
ἀλλ› εἰρκτέον τάδ› ἐστίν· οὐ γὰρ οἱ πλατεῖς
οὐδ› εὐρύνωτοι φῶτες ἀσφαλέστατοι,
ἀλλ› οἱ φρονοῦντες εὖ κρατοῦσι πανταχοῦ.
μέγας δὲ πλευρὰ βοῦς ὑπὸ σμικρᾶς ὅμως
μάστιγος ὀρθὸς εἰς ὁδὸν πορεύεται.
καὶ σοὶ προσέρπον τοῦτ› ἐγὼ τὸ φάρμακον
ὁρῶ τάχ›, εἰ μὴ νοῦν κατακτήσῃ τινά·
ὃς τἀνδρὸς οὐκέτ› ὄντος, ἀλλ› ἤδη σκιᾶς,
θαρσῶν ὑβρίζεις κἀξελευθεροστομεῖς.
οὐ σωφρονήσεις; οὐ μαθὼν ὃς εἶ φύσιν
ἄλλον τιν› ἄξεις ἄνδρα δεῦρ› ἐλεύθερον,
ὅστις πρὸς ἡμᾶς ἀντὶ σοῦ λέξει τὰ σά;
σοῦ γὰρ λέγοντος οὐκέτ› ἂν μάθοιμ› ἐγώ·
τὴν βάρβαρον γὰρ γλῶσσαν οὐκ ἐπαΐω.

ΧΟΡΟΣ

εἴθ› ὑμὶν ἀμφοῖν νοῦς γένοιτο σωφρονεῖν·
τούτου γὰρ οὐδὲν σφῷν ἔχω λῷον φράσαι.

ΤΕΥΚΡΟΣ

φεῦ, τοῦ θανόντος ὡς ταχεῖά τις βροτοῖς
χάρις διαρρεῖ καὶ προδοῦσ› ἁλίσκεται,
εἰ σοῦ γ› ὅδ› ἀνὴρ οὐδ› ἐπὶ σμικρῶν λόγων,
Αἴας, ἔτ› ἴσχει μνῆστιν, οὗ σὺ πολλάκις
τὴν σὴν προτείνων προὔκαμες ψυχὴν δορί·
ἀλλ› οἴχεται δὴ πάντα ταῦτ› ἐρριμμένα.
ὦ πολλὰ λέξας ἄρτι κἀνόητ› ἔπη,
οὐ μνημονεύεις οὐκέτ› οὐδέν, ἡνίκα
ἑρκέων ποθ› ὑμᾶς ἐντὸς ἐγκεκλῃμένους,
ἤδη τὸ μηδὲν ὄντας ἐν τροπῇ δορὸς,
ἐρρύσατ› ἐλθὼν μοῦνος, ἀμφὶ μὲν νεῶν

se repelimos quem vence por justiça
e conduzimos os de trás para a frente.
Coíba-se isso, pois não são os taludos
e os espadaúdos os varões mais firmes,
mas os sábios sempre dominam tudo.
Boi de largos flancos mas sob breve
látego marcha pelo caminho correto.
Vejo esse remédio avizinhar-se de ti
em breve se não adquirires algum tino.
Se não vive mais o varão, mas é sombra,
por audácia ultrajas e tens língua livre.
Não te acautelarás? Ciente de quem és,
não conduzirás cá um outro varão, livre,
que perante nós falará de teus interesses?
Se falasses, eu não te entenderia ainda,
pois a língua bárbara não compreendo.

CORO

Possais ambos vós saber usar prudência!
Nada vos posso dizer melhor que isso.

TEUCRO

Pheû! Que rápido escoa entre os mortais
a gratidão ao morto, flagrada em traição,
se de ti este varão não guarda lembrança,
Ájax, ainda que pequena! Tu muitas vezes
por ele arriscaste a vida e brandiste lança.
Mas tudo isso sim desaparece desprezado.
Ó tu, que há pouco falaste muitas tolices,
não te lembras mais de quando outrora
estivestes confinados dentro das cercas,
já não éreis nada na virada da luta, e ele
a sós vos defendeu, quando o fogo ardia

ἄκροισιν ἤδη ναυτικοῖς <θ'> ἑδωλίοις
πυρὸς φλέγοντος, ἐς δὲ ναυτικὰ σκάφη
πηδῶντος ἄρδην Ἕκτορος τάφρων ὕπερ;
τίς ταῦτ› ἀπεῖρξεν; οὐχ ὅδ› ἦν ὁ δρῶν τάδε,
ὃν οὐδαμοῦ φής, οὗ σὺ μή, βῆναι ποδί;
ἆρ› ὑμὶν οὗτος ταῦτ› ἔδρασεν ἔνδικα;
χὤτ› αὖθις αὐτὸς Ἕκτορος μόνος μόνου,
λαχών τε κἀκέλευστος, ἦλθεν ἀντίος,
οὐ δραπέτην τὸν κλῆρον ἐς μέσον καθείς,
ὑγρᾶς ἀρούρας βῶλον, ἀλλ› ὃς εὐλόφου
κυνῆς ἔμελλε πρῶτος ἅλμα κουφιεῖν;
ὅδ› ἦν ὁ πράσσων ταῦτα, σὺν δ› ἐγὼ παρών,
ὁ δοῦλος, ούκ τῆς βαρβάρου μητρὸς γεγώς.
δύστηνε, ποῖ βλέπων ποτ› αὐτὰ καὶ θροεῖς;
οὐκ οἶσθα σοῦ πατρὸς μὲν ὃς προὔφυ πατὴρ
τἀρχαῖον ὄντα Πέλοπα βάρβαρον Φρύγα;
Ἀτρέα δ›, ὃς αὖ σ› ἔσπειρε, δυσσεβέστατον
προθέντ› ἀδελφῷ δεῖπνον οἰκείων τέκνων;
αὐτὸς δὲ μητρὸς ἐξέφυς Κρήσσης, ἐφ› ᾗ
λαβὼν ἐπακτὸν ἄνδρ› ὁ φιτύσας πατὴρ
ἐφῆκεν ἐλλοῖς ἰχθύσιν διαφθοράν.
τοιοῦτος ὢν τοιῷδ› ὀνειδίζεις σποράν;
ὃς ἐκ πατρὸς μέν εἰμι Τελαμῶνος γεγώς,
ὅστις στρατοῦ τὰ πρῶτ› ἀριστεύσας ἐμὴν
ἴσχει ξύνευνον μητέρ›, ἣ φύσει μὲν ἦν
βασίλεια, Λαομέδοντος· ἔκκριτον δέ νιν
δώρημ' ἐκείνῳ ‹δωκεν Ἀλκμήνης γόνος.
ἆρ› ὧδ› ἄριστος ἐξ ἀριστέοιν δυοῖν
βλαστὼν ἂν αἰσχύνοιμι τοὺς πρὸς αἵματος,
οὓς νῦν σὺ τοιοῖσδ› ἐν πόνοισι κειμένους
ὠθεῖς ἀθάπτους, οὐδ› ἐπαισχύνῃ λέγων;
εὖ νυν τόδ› ἴσθι, τοῦτον εἰ βαλεῖτέ που,
βαλεῖτε χἠμᾶς τρεῖς ὁμοῦ συγκειμένους.

no alto das naus e no convés, e Heitor
saltava no ar acima do fosso aos barcos?
Quem resistiu? Não foi ele quem o fez,
que dizes nunca ter ido aonde não fosses?
A vosso ver, agiu ele assim com justiça?
E ainda quando ele a sós só com Heitor
foi ao confronto por sorteio, não imposto,
por depositar no meio não a fugidia peça
de terra úmida, mas a que primeiro daria
ligeiro salto fora do empenachado elmo?
Era ele que assim agia, comigo presente,
com este servo nascido de mulher bárbara.
Ó desgraçado, onde olhas ao falar assim?
Não sabes que o prisco Pélops, que foi
o pai do teu pai, era um bárbaro, frígio?
E Atreu, que aliás te semeou, ofereceu
ao irmão a mais ímpia ceia, seus filhos?
Tu mesmo és de mãe cretense, a qual
o genitor flagrou sob varão forasteiro
e lançou aos peixes mudos para morrer.
Tal sendo tu vituperas sementeira tal?
Eu do pai Têlamon sou o nascido filho,
ele primeiro da tropa pelas proezas teve
por esposa minha mãe que era nascida
princesa filha de Laomedonte, seleto
prêmio que o filho de Alcmena lhe deu.
Ora, tão nobre nato de tão nobres pais
eu envergonharia meus consanguíneos
que agora prostrados em tais males tu
repeles insepultos sem pudor de dizer?
Bem sabe isto: se o lançardes algures,
lançareis com ele também a nós três,

ἐπεὶ καλόν μοι τοῦδ› ὑπερπονουμένῳ
θανεῖν προδήλως μᾶλλον ἢ τῆς σῆς ὑπὲρ
γυναικός, ἢ τοῦ σοῦ ξυναίμονος λέγω;
πρὸς ταῦθ› ὅρα μὴ τοὐμόν, ἀλλὰ καὶ τὸ σόν.
ὡς εἴ με πημανεῖς τι, βουλήσῃ ποτὲ
καὶ δειλὸς εἶναι μᾶλλον ἢ ‹ν ἐμοὶ θρασύς.

ΧΟΡΟΣ

ἄναξ Ὀδυσσεῦ, καιρὸν ἴσθ› ἐληλυθώς,
εἰ μὴ ξυνάψων, ἀλλὰ συλλύσων πάρει.

ΟΔΥΣΣΕΥΣ

τί δ› ἔστιν, ἄνδρες; τηλόθεν γὰρ ᾐσθόμην
βοὴν Ἀτρειδῶν τῷδ› ἐπ› ἀλκίμῳ νεκρῷ.

ΑΓΑΜΕΜΝΩΝ

οὐ γὰρ κλύοντες ἐσμὲν αἰσχίστους λόγους,
ἄναξ Ὀδυσσεῦ, τοῦδ› ὑπ› ἀνδρὸς ἀρτίως;

ΟΔΥΣΣΕΥΣ

ποίους; ἐγὼ γὰρ ἀνδρὶ συγγνώμην ἔχω
κλύοντι φλαῦρα συμβαλεῖν ἔπη κακά.

ΑΓΑΜΕΜΝΩΝ

ἤκουσεν αἰσχρά· δρῶν γὰρ ἦν τοιαῦτ᾽ ἐμέ.

ΟΔΥΣΣΕΥΣ

τί γάρ σ› ἔδρασεν, ὥστε καὶ βλάβην ἔχειν;

ΑΓΑΜΕΜΝΩΝ

οὔ φησ› ἐάσειν τόνδε τὸν νεκρὸν ταφῆς
ἄμοιρον, ἀλλὰ πρὸς βίαν θάψειν ἐμοῦ.

pois tenho por mais honroso morrer
às claras lutando em defesa dele que
de tua mulher, ou digo: de teu irmão?
Assim, vê não meu, mas teu interesse.
Se me fizeres algum dano, preferirás
antes ser covarde que valente comigo.

CORO

Rei Odisseu, sabe que vieste oportuno
se vens não para atar mas para desatar.

ODISSEU

Que há, senhores? Longe ouvi o grito
dos Atridas sobre este valente morto.

AGAMÊMNON

Não temos ouvido as péssimas palavras,
rei Odisseu, recém-ditas por este varão?

ODISSEU

Quais? Eu posso compreender o varão
proferir más palavras ao ouvir algo vil.

AGAMÊMNON

Ouviu vilezas pois assim agia comigo.

ODISSEU

O que te fazia de modo a causar dano?

AGAMÊMNON

Diz que não deixará este morto sem
sepultura, mas sepultará contra mim.

ΟΔΥΣΣΕΥΣ

ἔξεστιν οὖν εἰπόντι τἀληθῆ φίλῳ
σοὶ μηδὲν ἧσσον ἢ πάρος ξυνηρετεῖν;

ΑΓΑΜΕΜΝΩΝ

εἴπ›· ἦ γὰρ εἴην οὐκ ἂν εὖ φρονῶν, ἐπεὶ
φίλον σ› ἐγὼ μέγιστον Ἀργείων νέμω.

ΟΔΥΣΣΕΥΣ

ἄκουέ νυν. τὸν ἄνδρα τόνδε πρὸς θεῶν
μὴ τλῇς ἄθαπτον ὧδ› ἀναλγήτως βαλεῖν·
μηδ› ἡ βία σε μηδαμῶς νικησάτω
τοσόνδε μισεῖν ὥστε τὴν δίκην πατεῖν.
κἀμοὶ γὰρ ἦν ποθ› οὗτος ἔχθιστος στρατοῦ,
ἐξ οὗ ‹κράτησα τῶν Ἀχιλλείων ὅπλων,
ἀλλ› αὐτὸν ἔμπας ὄντ› ἐγὼ τοιόνδ› ἐμοὶ
οὐ τἂν ἀτιμάσαιμ› ἄν, ὥστε μὴ λέγειν
ἕν› ἄνδρ› ἰδεῖν ἄριστον Ἀργείων, ὅσοι
Τροίαν ἀφικόμεσθα, πλὴν Ἀχιλλέως.
ὥστ› οὐκ ἂν ἐνδίκως γ› ἀτιμάζοιτό σοι·
οὐ γάρ τι τοῦτον, ἀλλὰ τοὺς θεῶν νόμους
φθείροις ἄν. ἄνδρα δ› οὐ δίκαιον, εἰ θάνοι,
βλάπτειν τὸν ἐσθλόν, οὐδ› ἐὰν μισῶν κυρῇς.

ΑΓΑΜΕΜΝΩΝ

σὺ ταῦτ›, Ὀδυσσεῦ, τοῦδ› ὑπερμαχεῖς ἐμοί;

ΟΔΥΣΣΕΥΣ

ἔγωγ›· ἐμίσουν δ›, ἡνίκ› ἦν μισεῖν καλόν.

ΑΓΑΜΕΜΝΩΝ

οὐ γὰρ θανόντι καὶ προσεμβῆναί σε χρή;

ODISSEU

Pode o amigo ao te dizer a verdade
ser teu aliado não menos que antes?

AGAMÊMNON

Dize! Ou não mais seria prudente, já
que te julgo o mais amigo dos aqueus.

ODISSEU

Ouve! Perante os Deuses, tão sem dó
não ouses lançar insepulto este varão,
nem de modo algum te vença a violência
de odiar tanto de modo a pisotear justiça.
Foi ele outrora meu pior inimigo na tropa
desde que conquistei as armas de Aquiles.
Todavia, ainda que para mim tal fosse ele,
não o desonraria de modo a negar tê-lo
visto o melhor varão dos aqueus quantos
viemos a Troia, exceto Aquiles, de modo
que não seja desonrado por ti com justiça,
pois não o destruirias a ele, mas às leis
dos Deuses. Não é justo lesar se valente
varão morre, nem se acontece ser odioso.

AGAMÊMNON

Assim tu, Odisseu, por ele lutas comigo.

ODISSEU

Sim, odiava-o quando odiar era honroso.

AGAMÊMNON

Não deves ainda mais pisoteá-lo morto?

ΟΔΥΣΣΕΥΣ

μὴ χαῖρ›, Ἀτρείδη, κέρδεσιν τοῖς μὴ καλοῖς.

ΑΓΑΜΕΜΝΩΝ

τόν τοι τύραννον εὐσεβεῖν οὐ ῥᾴδιον.

ΟΔΥΣΣΕΥΣ

ἀλλ› εὖ λέγουσι τοῖς φίλοις τιμὰς νέμειν.

ΑΓΑΜΕΜΝΩΝ

κλύειν τὸν ἐσθλὸν ἄνδρα χρὴ τῶν ἐν τέλει.

ΟΔΥΣΣΕΥΣ

παῦσαι· κρατεῖς τοι τῶν φίλων νικώμενος.

ΑΓΑΜΕΜΝΩΝ

μέμνησ› ὁποίῳ φωτὶ τὴν χάριν δίδως.

ΟΔΥΣΣΕΥΣ

ὅδ› ἐχθρὸς ἀνήρ, ἀλλὰ γενναῖός ποτ› ἦν.

ΑΓΑΜΕΜΝΩΝ

τί ποτε ποήσεις; ἐχθρὸν ὧδ› αἰδῇ νέκυν;

ΟΔΥΣΣΕΥΣ

νικᾷ γὰρ ἁρετή με τῆς ἔχθρας πλέον.

ΑΓΑΜΕΜΝΩΝ

τοιοίδε μέντοι φῶτες οὔμπληκτοι βροτῶν.

ΟΔΥΣΣΕΥΣ

ἦ κάρτα πολλοὶ νῦν φίλοι καὖθις πικροί.

ODISSEU

Não te praza, Atrida, ímprobo proveito.

AGAMÊMNON

Para soberano não é fácil ser reverente.

ODISSEU

Mas honrar amigos se bem aconselham.

AGAMÊMNON

O varão digno deve ouvir os dirigentes.

ODISSEU

Para! És chefe se vencido por amigos.

AGAMÊMNON

Estás lembrado de que varão favoreces?

ODISSEU

Este era varão hostil, mas outrora nobre.

AGAMÊMNON

Que farás? Tanto respeitas hostil morto?

ODISSEU

Vence-me seu valor, antes que seu ódio.

AGAMÊMNON

Tais varões sim são mortais inconfiáveis.

ODISSEU

Muitos são hoje amigos e depois amargos.

ΑΓΑΜΕΜΝΩΝ

τοιούσδ› ἐπαινεῖς δῆτα σὺ κτᾶσθαι φίλους;

ΟΔΥΣΣΕΥΣ

σκληρὰν ἐπαινεῖν οὐ φιλῶ ψυχὴν ἐγώ.

ΑΓΑΜΕΜΝΩΝ

ἡμᾶς σὺ δειλοὺς τῇδε θἠμέρᾳ φανεῖς.

ΟΔΥΣΣΕΥΣ

ἄνδρας μὲν οὖν Ἕλλησι πᾶσιν ἐνδίκους.

ΑΓΑΜΕΜΝΩΝ

ἄνωγας οὖν με τὸν νεκρὸν θάπτειν ἐᾶν;

ΟΔΥΣΣΕΥΣ

ἔγωγε· καὶ γὰρ αὐτὸς ἐνθάδ› ἵξομαι.

ΑΓΑΜΕΜΝΩΝ

ἦ πάνθ› ὅμοια· πᾶς ἀνὴρ αὑτῷ πονεῖ.

ΟΔΥΣΣΕΥΣ

τῷ γάρ με μᾶλλον εἰκὸς ἢ ‹μαυτῷ πονεῖν;

ΑΓΑΜΕΜΝΩΝ

σὸν ἆρα τοὔργον, οὐκ ἐμὸν κεκλήσεται.

ΟΔΥΣΣΕΥΣ

ὧδ᾽ ἢν ποήσῃς, πανταχῇ χρηστός γ› ἔσῃ.

ΑΓΑΜΕΜΝΩΝ

ἀλλ› εὖ γε μέντοι τοῦτ› ἐπίστασ›, ὡς ἐγὼ

AGAMÊMNON

Recomendas tu que se tenham tais amigos?

ODISSEU

Não quero recomendar espírito obstinado.

AGAMÊMNON

Tu neste dia nos mostrarás como covardes?

ODISSEU

Não, mas varões justos a todos os gregos.

AGAMÊMNON

Exortas-me a permitir sepultar o morto?

ODISSEU

Sim, pois eu mesmo ainda chegarei lá.

AGAMÊMNON

Todos se parecem, cada qual faz por si.

ODISSEU

Por quem cabe fazer mais do que por si?

AGAMÊMNON

Ora, teu é o ato, não será declarado meu.

ODISSEU

Se assim fizeres, para todos serás probo.

AGAMÊMNON

Mas estejas tu, porém, certo de que eu

σοὶ μὲν νέμοιμ› ἂν τῆσδε καὶ μείζω χάριν,
οὗτος δὲ κἀκεῖ κἀνθάδ› ὢν ἔμοιγ› ὁμῶς
ἔχθιστος ἔσται. σοὶ δὲ δρᾶν ἔξεσθ› ἃ χρῄς.

ΧΟΡΟΣ

ὅστις σ›, Ὀδυσσεῦ, μὴ λέγει γνώμῃ σοφὸν
φῦναι, τοιοῦτον ὄντα, μῶρός ἐστ› ἀνήρ.

ΟΔΥΣΣΕΥΣ

καὶ νῦν γε Τεύκρῳ τἀπὸ τοῦδ› ἀγγέλλομαι,
ὅσον τότ› ἐχθρὸς ἦ, τοσόνδ› εἶναι φίλος.
καὶ τὸν θανόντα τόνδε συνθάπτειν θέλω,
καὶ ξυμπονεῖν καὶ μηδὲν ἐλλείπειν ὅσων
χρὴ τοῖς ἀρίστοις ἀνδράσιν πονεῖν βροτούς.

ΤΕΥΚΡΟΣ

ἄριστ› Ὀδυσσεῦ, πάντ› ἔχω σ› ἐπαινέσαι
λόγοισι, καί μ› ἔψευσας ἐλπίδος πολύ.
τούτῳ γὰρ ὢν ἔχθιστος Ἀργείων ἀνὴρ
μόνος παρέστης χερσίν, οὐδ› ἔτλης παρὼν
θανόντι τῷδε ζῶν ἐφυβρίσαι μέγα,
ὡς ὁ στρατηγὸς οὑπιβρόντητος μολὼν
αὐτός τε χὠ ξύναιμος ἠθελησάτην
λωβητὸν αὐτὸν ἐκβαλεῖν ταφῆς ἄτερ.
τοιγάρ σφ› Ὀλύμπου τοῦδ› ὁ πρεσβεύων πατὴρ
μνήμων τ› Ἐρινὺς καὶ τελεσφόρος Δίκη
κακοὺς κακῶς φθείρειαν, ὥσπερ ἤθελον
τὸν ἄνδρα λώβαις ἐκβαλεῖν ἀναξίως.
σὲ δ›, ὦ γεραιοῦ σπέρμα Λαέρτου πατρός,
τάφου μὲν ὀκνῶ τοῦδ› ἐπιψαύειν ἐᾶν,
μὴ τῷ θανόντι τοῦτο δυσχερὲς ποῶ·
τὰ δ› ἄλλα καὶ ξύμπρασσε, κεἴ τινα στρατοῦ
θέλεις κομίζειν, οὐδὲν ἄλγος ἕξομεν.

te daria a graça ainda maior do que essa.
Ele, aqui ou além, sempre me há de ser
o mais odioso. Podes fazer o que queres.

CORO

Odisseu, quem não te diz com sábio juízo,
sendo tu tal qual és, esse é varão estulto!

ODISSEU

Agora sim anuncio a Teucro que doravante
sou um amigo tanto quanto antes fui hostil.
Também me proponho a sepultar o morto,
a participar e a não omitir nenhum cuidado
que os mortais devem aos melhores varões.

TEUCRO

Nobre Odisseu, posso aprovar todas as tuas
palavras e muito me frustraste a expectativa.
Sendo para ele o varão argivo mais odioso,
tu foste o único a colaborar com as mãos,
presente não ousaste vivo ultrajar o morto,
como veio o estratego ele mesmo aturdido
e o seu irmão, estando esses dois dispostos
a abandoná-lo maltratado e sem sepultura.
Por isso, possa o Pai que preside o Olimpo,
a memoriosa Erínis e a executora Justiça
dar aos maus má morte, tal como queriam
abandonar o varão com os indignos ultrajes.
Mas tu, ó semente do venerável pai Laertes,
hesito em deixar que participes do funeral
para que não crie ao morto essa dificuldade.
No mais, colabore conosco; se alguém mais
queres trazer da tropa, não nos afligiremos.

ἐγὼ δὲ τἄλλα πάντα πορσυνῶ· σὺ δὲ
ἀνὴρ καθ› ἡμᾶς ἐσθλὸς ὢν ἐπίστασο.

ΟΔΥΣΣΕΥΣ

ἀλλ› ἤθελον μέν· εἰ δὲ μή ‹στί σοι φίλον
πράσσειν τάδ› ἡμᾶς, εἶμ› ἐπαινέσας τὸ σόν.

ΤΕΥΚΡΟΣ

ἅλις· ἤδη γὰρ πολὺς ἐκτέταται
χρόνος. ἀλλ› οἱ μὲν κοίλην κάπετον
χερσὶ ταχύνετε, τοὶ δ› ὑψίβατον
τρίποδ› ἀμφίπυρον λουτρῶν ὁσίων
θέσθ› ἐπίκαιρον·
μία δ› ἐκ κλισίας ἀνδρῶν ἴλη
τὸν ὑπασπίδιον κόσμον φερέτω.
παῖ, σὺ δὲ πατρός γ›, ὅσον ἰσχύεις,
φιλότητι θιγὼν πλευρὰς σὺν ἐμοὶ
τάσδ› ἐπικούφιζ›· ἔτι γὰρ θερμαὶ
σύριγγες ἄνω φυσῶσι μέλαν
μένος. ἀλλ› ἄγε πᾶς φίλος ὅστις ἀνὴρ
φησὶ παρεῖναι, σούσθω, βάτω,
τῷδ› ἀνδρὶ πονῶν τῷ πάντ› ἀγαθῷ
†κοὐδενί πω λῴονι θνητῶν†
[Αἴαντος, ὅτ' ἦν, τότε φωνῶ.]

ΧΟΡΟΣ

ἦ πολλὰ βροτοῖς ἔστιν ἰδοῦσιν
γνῶναι· πρὶν ἰδεῖν δ› οὐδεὶς μάντις
τῶν μελλόντων ὅ τι πράξει.

Eu tomarei todas as providências. Mas sê
tu ciente de que para nós és um varão probo.

ODISSEU

Eu queria sim, mas se para ti não é grato
que assim façamos, anuo a isso e me vou.

TEUCRO

Basta! Já está muito prolongado
tempo. Aviai uns com os braços
a escavada cova, disponde outros
o alto ígneo tripé de banhos sacros
para a ocasião!
A tropa de varões da tenda
traga a escudada couraça!
Tu, filho, quanto podes, toca
amável o pai e ergue os flancos
comigo, pois ainda quentes
veias exalam acima negro
furor. Mas todo varão que
se diz nosso avance, ande,
aja por este exímio varão!
Nenhum mortal foi melhor
que Ájax, enquanto vivia.

CORO

Muito podem saber os mortais
ao ver, mas antes nenhum vate
do porvir pode saber qual será.

Glossário Mitológico de *Ájax*: Antropônimos, Teônimos e Topônimos

Beatriz de Paoli
Jaa Torrano

A

AGAMÊMNON. Rei de Argos, líder da expedição argiva contra Troia; filho de Atreu, irmão de Menelau, marido de Clitemnestra e pai de Orestes, Electra e Crisótemis. *Aj.* 1224.

ÁJAX. Filho de Têlamon, de Salamina, considerado o segundo melhor guerreiro em Troia depois de Aquiles. No entanto, morto Aquiles, os juízes decidiram que as armas deste fossem dadas a Odisseu, o que pareceu a Ájax um ultraje insuportável. *Aj.* 4, 19, 73, 89, 98, 201, 206, 211, 217, 289, 335, 368, 482, 485, 525, 529, 585, 609, 710, 716, 733, 754, 762, 790, 792, 799, 864, 898, 913, 923, 972, 977, 996, 1015, 1106, 1133, 1213, 1234, 1269, 1417.

ALCMENA. Mãe de Héracles. *Aj.* 1303.

APOLO. Deus da adivinhação, da música, da peste e da purificação; filho de Zeus e Leto. *Aj.* 704.

AQUEUS. Denominação homérica dos gregos; habitantes do Peloponeso por oposição a helenos (*héllenes*) habitantes do norte da Grécia. *Aj.* 560, 637, 999, 1053, 1098, 1233, 1238, 1240, 1331, 1340.

AQUILES. O mais ilustre e o melhor dos guerreiros gregos em Troia, filho de Peleu e da Deusa Tétis. *Aj.* 41, 442, 1239, 1337, 1341.

ARGIVO(s). De Argos ou da Argólida e, por extensão, os gregos. *Aj.* 44, 67, 95, 138, 186, 420, 440, 498, 573, 663, 722, 774, 1383.

ARES. Deus, filho de Zeus e Hera, belicoso, que se manifesta na carnificina. *Aj.* 255, 612, 706, 1195.

ÁRTEMIS. Deusa filha de Leto e de Zeus, irmã de Apolo, associada à vida feminina (infância, casamento e parto); senhora das feras, caçadora sagitária, domina os territórios selvagens. *Aj.* 172.

ATENA. Deusa da estratégia e do saber prático, epônimo de Atenas. *Aj.* 14, 74, 91, 112, 757, 771.

ATENAS. Cidade da região da Ática, protegida da Deusa Atena; no século V a.C., tornou-se um importante centro político e cultural. *Aj.* 861, 1222.

ATREU. Pai de Agamêmnon e Menelau, filho de Pélops e Hipodâmia, irmão de Tiestes, com quem disputou o trono de Micenas. *Aj.* 1293.

ATRIDA(S). Os filhos de Atreu, Agamêmnon e Menelau, ou seus descendentes. *Aj.* 57, 97, 253, 302, 445, 461, 469, 620, 667, 717, 750, 838, 931, 947, 960, 1319, 1349 (Agamêmnon).

B

BÓSFORO. Estreito entre o Mar Negro e o Mar de Mármara; por extensão, o nome às vezes é usado com referência ao Helesponto, que é o estreito entre o Mar de Mármara e o Mar Egeu. *Aj.* 884.

C

CALCAS. Um dos grandes adivinhos da Antiguidade, cuja atuação, principalmente como áugure, está intimamente relacionada à expedição contra Troia. *Aj.* 746, 749, 783.

CILENE. Monte na Arcádia, Peloponeso, onde nasceu o Deus Hermes, pai de Pã. *Aj.* 697.

CNÓSSIO(S). De Cnosso, cidade da Ilha de Creta. *Aj.* 699.

CRETENSE. De Creta, ilha do Mar Mediterrâneo. *Aj.* 1295.

D

DÂNAOS. Os descendentes de Dânao, um dos primeiros reis de Argos; os argivos e, por extensão, os gregos. *Aj.* 145, 225.

DÉLIO. De Delos, Ilha das Cíclades, com santuários de Apolo e Ártemis, nela nascidos. *Aj.* 703.

DIA. (*Heméra*, fem.) Deus, irmão de Éter, filho de Érebo e Noite (cf. Hesíodo, *Teogonia*, 124 e s.). *Aj.* 673.

E

EÁCIDA(s). Filho(s) de Éaco; designa, no singular, Peleu, pai de Aquiles, e, no plural, os mirmidões, súditos de Peleu. *Aj.* 644.

EGEU. Mar entre a Grécia e a Ásia. *Aj.* 461.

ENIÁLIO. Epíteto e nome de Ares, Deus da guerra e da carnificina. *Aj.* 179.

ÉREBO. Deus, filho da Noite: as trevas subterrâneas, os ínferos. *Aj.*395

ERECTIDAS. Descendentes de Erecteu e, por extensão, os atenienses. *Aj.* 202.

ERIBEIA. Mãe de Ájax, esposa de Têlamon. *Aj.* 569.

ERÍNIS (*pl.* Erínies). Deusas, filhas da Noite, ou nascidas do sangue de Céu (Urano) caído sobre a Terra, ao ser castrado por Crono, punidoras de transgressões. *Aj.* 837, 843, 1034, 1390.

ESCAMANDRO. Deus-rio da planície de Troia. *Aj.* 419.

ESPARTA. Capital da Lacônia, região ao sul do Peloponeso. *Aj.* 1102.

EURÍSACES (*Eury-sákes,* "com grande escudo"). Filho de Ájax e Tecmessa. *Aj.* 340, 575.

F

FEBO (*Phoîbos*, "luminoso"). Epíteto de Apolo. *Aj.* 186.

FRÍGIO(s). Da Frígia, povo vizinho e aliado dos troianos e, por metonímia, os troianos. *Aj.* 210, 488, 1054, 1292.

H

HADES. Deus dos ínferos e dos mortos, irmão de Zeus. *Aj.* 517, 607, 635, 660, 865, 1035, 1194.

HEITOR. Príncipe troiano filho de Príamo e Hécuba, e marido de Andrômaca, é o mais notável defensor de Troia, morto por Aquiles, que ultraja seu cadáver, puxando-o atado ao carro em torno dos muros de Troia. *Aj.* 662, 817, 1027, 1029, 1277, 1283.

HERMES. Deus filho de Zeus e de Maia, arauto dos imortais. *Aj.* 831.

I

ICÁRIO. Relativo a Ícaro, filho de Dédalo; parte do Mar Egeu onde Ícaro, fugindo de Creta, caiu quando suas asas feitas com cera se desfizeram ao se aproximar do Sol. *Aj.* 702.

IDA. Monte próximo a Troia. *Aj.* 434.

IDEU(S) (*Idaîos*). Do Monte Ida. *Aj.* 603.

J

JUSTIÇA (*Díke*). Deusa filha de Zeus e Têmis, uma das três Horas ("Estações do ano"). *Aj.* 1390.

L

LACÔNIO(S). Da Lacônia, também chamada Lacedônia, região do Peloponeso. *Aj.*8

LAERTES. Pai de Odisseu. *Aj.* 1, 101, 1393.

LAERTÍADA. Filho de Laertes; epíteto patronímico de Odisseu. *Aj.* 380.

LAOMEDONTE. Filho de Ilo, sucedeu-o no trono de Troia, recorreu a Apolo e Posídon para construir as muralhas de Troia, mas não lhes pagou a quantia estipulada, e recorreu a Héracles para matar o monstro marinho enviado como castigo por Posídon, mas não lhe deu os cavalos divinos prometidos, por isso Héracles auxiliado por Têlamon tomou Troia com um exército e matou Laomedonte e todos os seus filhos, exceto Príamo. Seu filho Ganimedes, raptado por Zeus, servia néctar aos Deuses no Olimpo, substituindo Hebe. *Aj.* 1302.

M

MAR (*Póntos*). Deus nascido e esposo de Terra, designa "mar" em geral. *Aj.* 675.

MENELAU. Rei de Esparta, irmão de Agamêmnon e marido de Helena. *Aj.* 1045, 1091.

MÍSIO(S). De Mísia, região da Ásia Menor. *Aj.* 699, 720.

MORTE (*Thánatos*, masc.). Deusa filha da Noite. *Aj.* 854.

N

NOITE (*Nýx*). Deusa filha de Caos, mãe de Sono, Morte e outras potestades destrutivas (cf. Hesíodo, *Teogonia*, 123-5, 211-232). *Aj.* 660, 672.

NOTO. Deus vento do sul, filho de Aurora e Astreu, irmão de Zéfiro, vento de oeste, e Bóreas, vento do norte. *Aj.* 257.

O

ODISSEU. Rei de Ítaca. *Aj.* 36, 104, 118, 149, 303, 954, 971, 1316, 1321, 1346, 1374, 1381.

OLIMPO. Montanha entre Tessália e Macedônia, morada dos Deuses; no sentido de "súperos", é sinônimo de "Céu" (*Ouranós*) e de "Éter" (*Aithér*, "Fulgor"). *Aj.* 1389.

P

PÃ. Deus silvestre, associado a diversos distúrbios mentais súbitos. *Aj.* 694, 695.

PALAS. Epíteto da Deusa Atena. *Aj.* 954.

PÉLOPS. Pai de Atreu e Tiestes, filho de Tântalo, mudou-se da Ásia Menor para a Lacônia e deu nome ao Peloponeso. *Aj.* 1291.

S

SALAMINA. Ilha do Golfo Sarônico, junto à Baía de Elêusis, célebre pela batalha naval que em 480 a.C. deu vitória aos gregos sobre os invasores persas. *Aj.* 135, 596, 860.

SÍSIFO. Rei de Corinto, famoso por sua velhacaria; às vezes, inimigos de Odisseu por insulto o dizem filho de Sísifo. *Aj.* 188, 573a.

SOL (*Hélios*). Deus filho do Titã Hipérion e Teia. *Aj.* 846, 857.

SONO (*Hýpnos*). Deus filho da Noite. *Aj.* 675.

SÚNIO. Promontório a sudeste da Ática. *Aj.* 1220.

T

Z

Referências Bibliográficas

HESÍODO. *Teogonia. A Origem dos Deuses*. Estudo e tradução Jaa Torrano. 6ª ed. São Paulo, Iluminuras, 2006.

HOMERO. *Ilíada*. Tradução Christian Werner. São Paulo: Ubu/Sesi-SP, 2018.

SOPHOCLES. *Ajax*. Edited with introduction, translation, and commentary by P. J. Finglass. New York, Cambridge University Press, 2011.

SOPHOCLES. *Sophoclis Fabulae*. Ed. H. Lloyd-Jones and N. G. Wilson. Oxford, Oxford University Press, 1992 [1990].

Título	*Ájax – Tragédias Completas*
Autor	Sófocles
Tradução	Jaa Torrano
Estudos	Beatriz de Paoli
	Jaa Torrano
Editor	Plinio Martins Filho
Produção Editorial	Aline Sato
	Millena Machado
Revisão	Beatriz de Paoli
	José de Paula Ramos Jr.
Editoração Eletrônica	Victória Cortez
Capa	Ateliê Editorial
Formato	16 x 23 cm
Tipologia	Minion Pro
Papel	Chambril Avena 80 g/m² (miolo)
	Offset 180 g/m² (capa)
Número de Páginas	184
Impressão e Acabamento	Lis Gráfica